中医养生丛书

严蔚冰 整理 导读

达摩 易筋经

修订本

國術古本
本衙藏板

上海古籍出版社

图书在版编目（CIP）数据

达摩易筋经 / 严蔚冰整理导读. —修订本. —上
海：上海古籍出版社，2018.7 （2023.3重印）
（中医养生丛书）
ISBN 978 - 7 - 5325 - 8880 - 0

Ⅰ.①达… Ⅱ.①严… Ⅲ.①易筋经（古代体育）—基
本知识 Ⅳ.①G852.6

中国版本图书馆 CIP 数据核字（2018）第 129284 号

责任编辑 刘海滨
装帧设计 严克勤

达摩易筋经(修订本)

严蔚冰 整理、导读

上海古籍出版社出版发行

（上海市闵行区号景路159弄1—5号A座5F 邮政编码 201101）
　（1）网址：www.guji.com.cn
　（2）E-mail: guji1@guji.com.cn
　（3）易文网网址：www.ewen.co

印　刷　上海丽佳制版印刷有限公司
开　本　787×1092　1/16
印　张　14.75
插　页　3
字　数　234，000
版　次　2018 年 7 月第 1 版
　　　　2023 年 3 月第 5 次印刷
印　数　15，201—17，500
ISBN　978 - 7 - 5325 - 8880 - 0/G · 694
定　价　56.00 元

如有质量问题,请与承印公司联系

序　一

　　中国古代传承至今的保健、强体、养生的"静功"和"动功"，大致上都采用"调身、调息、调心"的方法，进行"炼精、炼气、炼神"的修炼，达到"祛病、强身、益寿"的目的。

　　在各门功法中，《达摩易筋经》自成体系，独树一帜，虽然很多人把它归类为外功，即所谓以"外炼筋、骨、皮"为主的"外壮"功夫。但实际上，真正高境界动功的修炼应当是内外相合的，以《达摩易筋经》而论，实际上是在"外炼筋、骨、皮"的同时，也以"凝神、澄心、运气、调息"等功夫，起到了"内炼精、气、神"的作用。实可谓动中有静，刚柔相济。

　　修习《达摩易筋经》要达到上述境界，仅依靠习炼者个人的理解和努力是不够的，关键是要有一位好老师（传承）、一本好教材（法本）和一套好方法（教学）。我很高兴有机会认识对研究、修炼和传授《达摩易筋经》有着高深造诣和丰富教学经验的严蔚冰先生。我曾仔细阅读过他有关《达摩易筋经》的著作，也有幸亲眼观摩他现场演炼精彩的"易筋十二势"。我感到他编著的《达摩易筋经》确实是当代一本系统地、详细地、深入地传授《达摩易筋经》功法和理论的好教材，严蔚冰先生本人数十年来一直在国内外致力于《达摩易筋经》等中国传统养生文化的传播和推广，确是一位有着良好修养和深厚教学经验的好老师。

　　此外，作为一位研究《达摩易筋经》及中国传统养生文化的知名学者，严蔚冰先生在本书中还深刻阐述了他对《达摩易筋经》理论和功法研究的心得体会，这对今后学术界开展对《达摩易筋经》更深入的学术研究，提供了许多启发性的指引。

　　在严蔚冰先生新版《达摩易筋经》即将付梓之际，我很乐意将此佳作介绍给广大读者，相信此书的出版将对《达摩易筋经》的普及和研究起到积极的推动和指引作用，也能为推动群众性健身运动和增进人民健康做出新的贡献。

卓大宏

2009 年 6 月 26 日

序 二

最近收到严蔚冰先生寄来的繁体中文版《达摩易筋经》，拿在手上感觉不错，用了几个晚上的时间阅读，感到有三点比较突出，一是忠于原著，理、法谨严不悖；二是返璞归真，技法精简明了；三是注重传承，法脉清晰可辨。总的来说感觉很好。要说欠缺，就是《传承与心得》部分还可以写得细一些。现在《达摩易筋经》将由上海古籍出版社这样专业的出版社出版，相信会使更多的人知道这一珍贵的版本和传承。

中国传统养生学有悠久的历史，传承着人类文明，经历代先人不断实践、积累和体悟，是对人类生命的深刻认识和众多祛病延年经验的总结。《达摩易筋经》作为古代养生经典，堪称此中翘楚，由菩提达摩创立的中国禅宗充满着智慧，禅文化源远流长，也让现代西方人仰慕。严蔚冰先生作为《达摩易筋经》传承人正在申报该项目进入非物质文化遗产名录，他为此做了大量的工作，在此期间他曾高兴地告诉我，他对《易筋经》的传承和相关文献又有新发现，都将在此次上海古籍出版社出版的《传承与心得》部分加以阐述，以飨读者。

严蔚冰先生编撰的国术古本"本衙藏板"《达摩易筋经》，我仔细看过。他尊重原著，保持了古本《达摩易筋经》的原貌，既尊重历史又保留了时代特征。而且他借鉴了现代出版物的经验，在原著的基础上增加了一张"动作分解演示挂图"和"动作演示视频光盘"等，公开了"传承与心得"，以方便习炼者学习，使学人"知其然更知其所以然"。

另外，书中对《易筋经》之传承脉络作了整理阐述。又将古本"本衙藏板"和"通行本"作了较为详细的比较，由此可以知晓严蔚冰先生对《易筋经》的理法和传承研究已有一定的深度。

严蔚冰先生除注重研究导引养生的理法外，还一直在坚持古代养生法的实践，尤重"炼养结合"，这一点是难能可贵的。他的《达摩易筋经》易筋十二势皆依传承习炼，都讲出了各式的功、理、法、诀，即其所以然；尊古而不泥古，可谓"熔古铸今"；将"易筋十二势"的细微之处发挥得淋漓尽致；确是一套有传承的、值得推荐的上乘功法。

是为序。

林中鹏

2008 年 11 月 19 日于北京

序 三

　　导引养生和气功疗法是中国传统文化的瑰宝，也是中医药学的重要组成部分。《中国医学百科全书》中专立有《气功学》卷。

　　我们知道习炼、研究气功是讲究实证的。这就需要一批孜孜不倦的求索者，严蔚冰先生就是其中一位。我早在上世纪八十年代初期就在专业杂志上看到一些他写的文章，内容平实而有据，始终坚持做"疏、导"的工作，确实是一位用心的实践者。但一直无缘结识。

　　直到前几年在一次国际医学气功会议上才得以谋面，严蔚冰先生送我一本"本衙藏板"的《达摩易筋经》，我仔细翻阅后发现这是一部兼具古本原貌，精练实用的好书。一来有所传承，二来忠于原著，三来书中配有挂图和教学光盘，将《易筋经》各势分解演示，方便了读者习炼和掌握动作要点。

　　我观摩了严蔚冰先生的教学，他的教学法很科学，并且动作古朴规范，保持了功法原貌。他是一位低调、务实的传承实践者，正在走一条古为今用的探索之路。

　　"本衙藏板"《达摩易筋经》最早由香港一时文化艺术出版社出版简体中文版，后由台湾大展出版社有限公司出版繁体中文版，现在又由上海古籍出版社出版，每一版本在大受欢迎的同时，都比之前内容更为翔实有据。由此可知，严蔚冰先生始终在做着收集、整理工作，不断将新的发现和自身体悟整理成文，供读者学习和习炼。这一点是难能可贵的。

　　日前，严蔚冰先生邀我为新版作序。吾心甚喜，是为序。

张天戈

2008 年 11 月 26 日于北戴河

序　四

　　中国地域辽阔，历史悠久，民族众多，各地域的风物人情信仰往往不同，史学家们将中国的文化分为黄河上游、黄河下游、长江中下游三大区系。中国医学的世系，亦上溯至传说中的伏羲、神农、黄帝，与三大文化区系息息相关。《素问·异法方宜论》讲述了"砭石从东方来"、"毒药从西方来"、"灸焫从北方来"、"九针从南方来"、"导引按蹻从中央出"的历史。按中国医学真实的传承世系，可分为东方以扁鹊为代表的"经脉医学"、西方以神农、伊尹为代表的"汤液医学"和中央以彭祖为代表的"导引医学"。这些发源于不同地域的医学，随着时间的演进不断融合，观《史记·扁鹊仓公列传》可见其大意。西汉末年，刘向等整理国家图书，采用"辨章学术，考镜源流"及"以人类书"的方法，将医学定著为"方技"一大类，包括"医经"、"经方"、"房中"、"神仙"四家。医经乃扁鹊之学，经方乃伊尹之学，"房中"与"神仙"乃"导引医学"之滥觞，实"三系"而已。

　　导引行气之术源远流长，早期的导引文献如春秋时的行气玉佩铭、西汉马王堆导引图、张家山汉墓的《引书》,《黄帝内经》、《抱朴子内外篇》、《诸病源候论》、《云笈七签》等；唐宋以后，滋滋不息，大师名作辈出。秦汉时为预防祛病之要法，晋唐添为内炼精气神以养护性命的要旨，并演绎为性命双修的内丹炼养术，宋元至明清则进一步理论化与系统化，行气、导引、按摩融为一体，以除致病之邪气，散化瘀阻或邪毒，预防或治疗某些病症，达到坚固五脏精气、和调气血阴阳、强壮体质、祛病延年的目的，为中医养生治未病之重要方法。今溯其本源，称之为导引医学。

　　古本易筋经十二势导引法，理论与实修兼备，一直是大众强身健体的重要方法。因古本易筋经十二势导引法源于古代导引医学，中医之生命观是其核心理论，于 2014 年被列入国家非物质文化遗产传统医药类保护项目。上海严蔚冰先生是其代表性传承人。今上海中医药大学将此列入教程，使昔日之正统医学登入大学堂，鲁殿灵光，岿然独存，令人欣慰，因为之序。

丁酉春柳长华于扁仓书院

前　言

1. 菩提达摩与《易筋经》

北魏太和十年（公元 486 年），嵩山来了一位相貌奇古的南天竺僧人，他在五乳峰半山腰岩洞中面壁而坐，一坐就是九年，人称"壁观①婆罗门"。此人名叫菩提达摩（公元？—528 或 536 年），简称达摩（磨），出生于南印度婆罗门族。据《达摩宝传》②说："达摩南天竺香枝国王之三太子，不恋王位，出家修道，成就大觉金禅，为西天禅宗第二十八祖。成道后不恋圣境，发愿到东土传立空妙，于南朝宋末航海至广州，初传梁武帝，武帝不识妙理，至嵩山面壁九年。"后人为了纪念他，将此岩洞叫"达摩洞"，洞深七尺，阔四尺半，内有一影壁（原影壁已失，现为后人复制）。菩提达摩从自心中顿见佛性，少言多行，不立文字，教外别传，时有具慧根者前来问道求法，其弟子除慧可外，较著名的有道育、僧副（道副）、昙林（昙琳）等。

《景德传灯录·僧副传》载："道副因性爱定静，四方寻师，访得达摩于岩穴之中，师言问深博，遂感而从其出家，修习禅法，寻端极绪，有大成就。"时有神光于伊洛披览群书，以旷达闻，慕师之高风，断臂求法，师感其精诚，遂传安心之真法，授彼一宗之心印，改名慧可（亦作惠可）。经九载，欲归西方，嘱慧可一宗之秘奥，授袈裟与《楞伽经》四卷。未久即入寂，葬于熊耳山上林寺。越三年，魏使宋云度葱岭时，适逢达摩携只履归西。从此菩提达摩在华夏被尊为禅宗初祖，慧可为二祖，开创中国禅宗，梁武帝尊为"圣胄大师"，唐代宗赐谥号"圆觉禅师"，塔名"空观"。

《易筋经》相传是菩提达摩所传，菩提达摩传授禅法时发现徒众易犯昏沉③，此系筋骨柔弱所致，为使徒众修道无障，消除修行道上的障碍，故传授《易筋经》和《洗髓经》。

《易筋经》和《洗髓经》是用以锻炼身心的方法，所谓禅法不离世间法④，若要传禅法应从世间法入手。易者，即日月阴阳之变化，有改变脱换之意。经云："易者，乃阴阳之道也。"筋者，与经通，泛指人体之筋经。经云："四肢百骸，无处非筋，无经非络。"经者，经典也。有将玑珠串联之意。经又作径解，入道之门径。

《易筋经》包含"易筋十二势"，上应十二时辰，内应十二经脉，易筋以坚其体；又有三论（总论、内壮论、膜论）作为理论支持。其中"易筋十二势"为"行入"；三论为"理入"。此"二入"⑤是菩提达摩的方法论，"二入"中的"理入"，是从明白道理开始，坚定信念；"二入"中的"行入"，是实践所传技法，持之以恒来印证相应的理念。

《易筋经》在传统养生学界享有十分尊崇的地位。后世传承的国术中被尊为"经"的，只有《易筋经》和《洗髓经》两部。其余均称为"拳诀"、"拳谱"或"捶谱"等。至于《易筋》《洗髓》二经是否是达摩所传，还是后人托名，学界有很多争论，对此本书不准备多作分辨，笔者想要强调的是易筋经作为一套历史悠久、传承有序的功法，其本身是传统养生学的结晶，凝结了历代修炼者的心血。正是这个原因，才为历来养生家所推崇，这也是《易筋经》真正的价值所在。

2."本衙藏板"《达摩易筋经》

《达摩易筋经》历时久远，又因易筋强身，实效显著，民间流传多种抄本，但多所增演而失实。有鉴于此，故明代方有"本衙藏板"《达摩易筋经》刊印行世。

笔者所传承之"本衙藏板"《达摩易筋经》为古代官刻本（刊印年代有待考证，初步判断为清代早期刻本），系当时郡、府官署选取民间版本中最完整、最接近古本原貌的善本，经官方雕刻印刷而成的版本，并在内页注明"本衙藏板"字样。由于作为官方刊印，故而样本考究，较诸私刻本和坊刻本，更为接近古本原貌。

"本衙藏板"《达摩易筋经》应是目前能看到的国术古本中（包括各种版

本的《易筋经》），为数个多的官署古籍善本。

"本衙藏板"《达摩易筋经》共分上下卷，上卷为《易筋经》正文，署西竺达摩祖师著，西竺圣僧般剌密谛译义，南洲白衣海岱游人评正。下卷为附录，题"来章氏辑"。《达摩易筋经》"易筋十二势"部分附有古图谱，图下有炼功（需要说明的是，我的老师们都反复强调：传统功法的修习不仅仅是"练习"，更是一种身心的"锻炼"，称为"炼功"比较合适。因此本书中相关的用语都用"炼"字）图说（师谓拳经）。书中除了有图势、图说、理法、揉法、药法、房中、秘法、心法外，还有十二月行功和各种辅助功法等。

一套完整的功法，犹如一个健全的人，功法是其骨骼，心印是其心脑，技法是其手脚，动作要诀是其经脉，辅助功法是其血液，缺一不可。"本衙藏板"《达摩易筋经》其完整性是很难得的。其上还存有历代修炼者的附录和注释，极大地丰富了这套古老的功法，具有完整性和实用性。

《达摩易筋经》最初是释门禅宗用以自我锻炼身体的拳操类功法，"易筋十二势"整套动作设计合理，内涵丰富，内应十二筋经，外应十二时辰，符合中国天人合一思想，动作具有拳术的特点，刚柔相济，又有体操的特点，伸屈有度，故耐人玩味，且符合现代运动医学原理，主张伸筋拔骨。"易筋十二势"乃改变自身体质之门径，可贵之处是提出了"易筋"的概念，有《膜论》作理论支持，辅助技法完备，针对性强，自身即可依"经"验证，因此，《达摩易筋经》并非随意创编的粗合之相，它统摄上、中、下不同根器的众生，千百年来也凝聚着历代实践者的智慧，使之更加完备，造福人类，功德无量。故被后世誉为"禅功之源"。

3. 返璞归真

《易筋经》千百年来被历代学人所推崇，同时在传承过程中也出现了大量增演本和托名之作。

笔者收藏有明、清、民国时期各种版本《易筋经》数十种。各种版本的名字五花八门，不一而足。但若从内容来定名，笔者认为应当叫《易筋经义》比较合适，因为，译经僧般剌密谛只是将梵文《易筋经》译义为汉文。

笔者之所以将"本衙藏板"《易筋经》易名为《达摩易筋经》，在《易筋经》前冠以"达摩"，是为了尊重传承，也有别于其他增演版本。

　　传统功法的传授，首先要符合当代人简便易学的要求：动作简洁、功效显著、教材科学完整，灵活性强，阐述精专，便于习炼。

　　"本衙藏板"《达摩易筋经》新版，系由笔者依照师承整理并演练。在保存古本原貌和精髓的基础上作了如下整理：

　　1. 选用师传国术古本"本衙藏板"《达摩易筋经》，此为古籍善本，流通较少，刊刻精美，文献价值高，可与"通行本"互作印证。上卷《易筋经》正文部分，全部选用原版之传承功法、功理和图谱，编撰者不作取舍，并且历代收藏者的批注亦予以保留（见正文后括号内文字）。

　　2. 为方便阅读，在整理编撰过程中，将古本繁体直排改为简体横排，依据现代标点符号规范加以标点，并为全文分段。又增加简注，将古本中涉及的佛教名相和道家术语作了解释。

　　3.《达摩易筋经》下卷附录部分，补齐了原缺的十二经筋图谱，替换了原本手绘的任、督二脉图。并删去《骨数》一节，因现代解剖学对人体骨骼的说明更明确。

　　4. 为便于习炼，增加了《达摩易筋经》"易筋十二势"分解演示，辑于《传承与心得》部分。

　　5. 增加《达摩易筋经》"易筋十二势"教学光盘和演示挂图。

　　6.《传承与心得》部分，依师承所得之传承与自身数十年习炼之心得，遵循由"简"到"繁"、再由"繁"到"精"的原则，加以阐述。演练之各势动作要领，配合吐纳以及心法，极具功效，可以逐月验证。

　　吾推崇精简之法，意在返璞归真，希望习炼者勿因难、因繁而退，能以适当的方法循序渐进，行之有效，好的功法才能得以传承。

注释

① 壁观：佛教名相，达摩禅师所传的一种禅法，壁观盖以静坐中所对墙壁不倚，喻调身、心，以壁观为安心法门。其要义为十六字诀："外止诸缘，内心无喘，心如墙壁，可以入道。"

②《达摩宝传》：汉口开源印刷局出版（出版年代不详），讲述菩提达摩西来传法的因缘。

③ 昏沉：佛教"立法百法"中的随感心所之一。指静坐时，因正念不足或体弱多病而出现低头、昏沉现象。

④ 世间法：即日常生活中的一切俗务，称为"世间法"。与"出世间法"相对。

⑤ 二入：佛教名相，即一理入，二行入。"二入四行"是菩提达摩所传的方法论，《大正藏》第四十八册收有署名菩提达摩著的《少室六门》，"二种入"是其中之一。

目　录

易筋經 上卷

西竺達摩祖師著

　西竺聖僧般刺密諦譯義

　南洲白衣海岱遊人評正

總論

譯曰佛祖大意謂登證果者，其初基有二。一曰清虛，一曰脫換。能清虛則無障，能脫換則無礙。無障無礙始可入定出定矣。知乎此則進道有

慧可禅师序①

《易筋》、《洗髓》俱非东土之文章，总是西方之妙谛②，不因祖师授受，予安得而识之，又乌自而译之也哉！

我祖师大发慈悲，自西徂东，餐风宿水，不知几经寒暑，登山航海，又不知几历险阻，如此者，岂好劳耶？悲大道之多歧，将愈支而愈离，恐接绪之无人，致慧根之淹没。遍观诸教之学者，咸逐末而忘本，每在教而泥教，谁见流而债源。忽望震旦③，白光灼天，知有载道之器，可堪重大之托，此祖师西来之大义也。

初至陕西敦煌，遗留汤钵于寺，次及中州少林，面壁趺跏④九年，不是心息参悟，亦非存想坐功，总因因缘未至，故静坐久留，以待智人参求耳。及祖师示人，为第一义谛⑤，间者多固执宿习，不能领略再请。予何人，斯幸进至人，耳提面命，顿超无上正（传）〔等〕正觉⑥，更有教外别传《易筋》、《洗髓》二帙。

惟《洗髓》义深，精进无基，初学难解，其效亦难至，是为末后之究竟⑦也，及其成也。能隐能显，（串）〔穿〕金透石，脱体圆通⑧，虚灵长活，聚而成形，散则为风，然未可一蹴而至也。

《易筋》义浅而入手有据，初学易解，其效易臻，堪为筑基之初起。是必易筋之功竟，方可因之而洗髓。予得师传，行《易筋》已效，将《易筋》原本一帙，藏之少林壁间，俟有缘者得之。惟《洗髓》一帙，附之衣钵⑨，远游云水，后缘行至，果获奇应，曾不敢轻以告人，又恐久而失传，辜负祖师西来之意，于是不揣鄙陋，翻为汉语，止求不悖经文，不敢致饰于章句，依经详译十后，并为序言十前，以俟智者之玩味而有得也。

释慧可⑩谨序

注释

① 此序原在《洗髓经》（"本衙藏板"本将《易筋经》与《洗髓经》合刻）前，题为"翻译洗髓经意序"，因内容关涉《易筋》、《洗髓》二经，为便于读者参阅，故移至此。

② 妙谛：佛教名相，不可思议的谛理。

③ 震旦：亦作振旦、真丹、神丹，新译支那。古印度人对中国的称呼。

④ 趺跏：佛教名相，具称"结跏趺坐"，即盘膝而坐，有吉祥坐、降魔坐等。

⑤ 第一义谛：佛教名相，即有就是空，空也就是有，圆融无碍，不偏于一边。亦称"中道第一义谛"、"真谛"或"胜义谛"。

⑥ 无上正等正觉：佛教名相，梵语阿耨多罗三藐三菩提，即真正的觉悟的意思。

⑦ 究竟：佛教名相，即事理的至极；有最彻底的觉悟，最高的境界。

⑧ 圆通：佛教名相，即圆满融通。这是佛、菩萨的觉悟境界。

⑨ 衣钵：佛教名相，衣即祖衣，钵亦称钵盂、应器，用土或铁制成，佛教内传衣钵，表示有传承法脉。

⑩ 释慧可（公元487—593）：河南荥阳人，少为儒生，博览群书，通达老庄易学。后出家，精研佛经，礼菩提达摩为师，从学六年，得付心印。被尊为禅宗二祖。

易筋经序

后魏孝明帝太和年间，达摩大师自梁适魏，面壁于少林寺。一日谓其徒众曰："盍各言所知？将以占乃诣。"众因各陈其进修。师曰：某得吾皮，某得吾肉，某得吾骨。惟于慧可曰"尔得吾髓"云云。后人漫解之，以为入道之浅深耳，盖不知其实有所指，非漫语也。逮九年，功毕示化，葬熊耳山①脚，乃遗只履而去。

后面壁处碑砌坏于风雨，少林僧修葺之，得一铁函，无封锁，有际会，百计不能开。一僧悟曰：此必胶之固也，宜以火。函遂开，乃熔蜡满注而四着故也。得所藏经二帖，一曰《洗髓经》，一曰《易筋经》。

《洗髓经》者，谓人之生，感于爱欲，一落有形，悉皆滓秽。欲修佛谛，动障真如。五脏六腑、四肢百骸，必先一一洗涤净尽，纯见清虚，方可进修，入佛智地。不由此经，进修无基，无有是处。读至此，然后知向者所谓"得髓者"非譬喻也。

易筋者，谓髓骨之外，皮肉之内，莫非筋。连络周身，通行血气，凡属后天，皆其提挈；借假修真②，非所赞勷，立见颓靡。视作泛常，曷臻极至。舍是不为，进修不力，无有是处！读至此，然后知所谓皮、肉、骨者，非譬喻，亦非漫语也。

《洗髓经》帙③归于慧可，附衣钵，共作秘传，后世罕见。惟《易筋经》留镇少林，以永师德。第其经字，皆天竺④文，少林诸僧，不能遍译。间亦译得十之一二，复无至人口传密秘，遂各逞己意，演而习之，竟趋旁径，落于枝叶，遂失作佛真正法门。至今少林僧众，谨以角艺擅场，是得此经之一斑也。

众中一僧，具超绝识，念惟达摩大师，既留圣经，岂惟小技？今不能译，当有译者。乃怀经远访，遍历山岳。一日抵蜀，登峨眉山，得晧西竺圣僧般刺密谛⑤，言及此经，并陈来意。圣僧曰：佛祖心传，基先于此，然此经文不可译，佛语渊奥也；经义可译，通凡达圣也。乃一一指陈，详译其义。且止僧于山场，挈进修，百日而凝固，再百日而充周，再百日而畅达，得所谓金刚坚固地，驯此入佛智地，洵为有基筋矣。僧志坚精，不落世务，乃随圣僧化行海岳，不知所之。

徐鸿客⑥遇之海外，得其秘谛。既授于虬髯客⑦，虬髯客复授于予。尝试之，辄奇验。始信语真不虚，惜乎未得《洗髓》之秘，观游佛境。又惜立志不坚，不能如僧不落世务，乃仅借六花小技，以勋伐终，中怀愧歉也。

然则此经妙义，世所未闻，仅序其由，俾知颠末。企望学者，务期作佛，切勿要区区作人间事业也。若各能作佛，乃不负达摩大师留经之意。若曰勇足以名世，则古之以力闻者多矣，奚足录哉？

　　　　　　　　时　唐贞观二载春三月三日
　　　　　　　　　　李靖⑧药师甫序

注释

① 熊耳山：达摩禅师圆寂后葬熊耳山，在今河南宜阳，立塔于定林寺，在今河南陕县。

② 借假修真：佛教名相，以人身为众缘假合而有之身，要借假合之身修真。

③ 《洗髓经》帙：即包装好的一部《洗髓经》，帙即古代用于装套线装书的套子。

④ 天竺：华夏称古印度为天竺国，天竺国又分为东天竺、南天竺、西天竺、北天竺和中天竺，故又称五竺。

⑤ 般刺密谛：中天竺人，一说西天竺人，唐代译经僧，唐中宗神龙元年（705）于广州制旨道场译出《大佛顶首楞严经》十卷。

⑥ 徐鸿客：隋朝的修道之士，曾向李密进献《经天纬地策》，后隐居山林。

⑦ 虬髯客；虬髯是指颊须卷曲，虬髯客即唐代侠士张仲坚，与李靖同时代人，《神仙感遇传》载有《虬髯客传》。

⑧ 李靖（公元571—649）：本名药师，京兆三原（今陕西三原东北）人，唐初军事家，精通兵法，著《天老神光经》一卷，被收入《道藏》。

易筋经内外神勇序

予武人也，目不识一字，好弄长枪大剑，盘马弯弓，以为乐。值中原沦丧，徽钦北狩，泥马渡河，江南多事。予因应我少保岳元帅①之幕，署为裨将，屡上战功，遂为大将。

忆昔年奉少保将令出征，后旋师还鄂。归途忽见一游僧，状貌奇古，类阿罗汉像，手持一函入营，嘱予致少保。叩其故，僧曰："将军知少保有神力乎？"予曰："不知也，但见吾少保能挽百石之弓耳。"僧曰："少保神力，天赋之欤？"予曰："然。"僧曰："非也，予授之耳。少保少尝从事于予，神力成功。予嘱其相随入道，不之信，去而作人间勋业事，名虽成，志难竟，天也、运也、命也！奈若何，今将及矣。烦致此函，或能返省获免。"

予闻言不胜悚异，叩姓氏，不答，叩所之，曰："西访达师。"予惧其神威，不敢挽留，竟飘然去。

少保得函，读未竟，泣数行下，曰："吾师神僧也，不吾待，吾其休矣！"因从襟袋中，出册付予。嘱曰："好掌此册，择人而授，勿使进道法门，斩焉中绝，负神僧也。"不数月，果为奸相所构。

予心伤于少保，冤愤莫伸，视功勋若粪土，因无复人间之想矣。念少保之嘱，不忍负，恨武人无巨眼，不知斯世，谁具作佛之志，堪传此册者。择人既难，妄传无益，今将此册传于嵩山石壁之中，听有道缘者自得之，以衍进道之法门，庶免妄传之咎，可酬对少保于天上矣。（按：宋名将牛皋②，目不识文，兹序疑系将军口授，幕室为之也。）③

时　宋绍兴十二年

鄂镇大元帅少保岳麾下

宏毅将军汤阴牛皋鹤九甫序

注释

① 岳元帅：岳飞（公元 1103—1142），字鹏举，相州汤阴（今河南）人。官至太子少保，抗金名将，孝宗时追谥"武穆"。宁宗时追封"鄂王"。绍兴十一年被害。

② 牛皋（1087—1147）：字伯远，汝州鲁山（今河南）人。跟随岳飞屡立战功，官至承宣使。

③ 凡正文内括号中的文字，系原著中藏书者手书，为保持原貌予以保留，加括号以示区别。

一 总 论

译曰：佛祖大意，谓登证果者，其初基有二，一曰：清虚。二曰：脱换。能清虚则无障，能脱换则无碍。无障无碍，始可入定出定矣。知乎此，则进道有其基矣。

所云清虚者，洗髓是也；脱换者，易筋是也。

其洗髓之说，谓人之生，感于情欲，一落有形之身，而脏腑肢骸，悉为滓秽所染，必洗涤净尽，无一毫之瑕障，方可步超凡入圣之门，不由此，则进道无基。

所言洗髓者，欲清其内。易筋者，欲坚其外。如果能内清净，外坚固，登圣域，在反掌之间耳，何患无成？且云易筋者，谓人身之筋骨，由胎禀而受之，有筋弛者、筋挛者、筋靡者、筋弱者、筋缩者、筋壮者、筋舒者、筋劲者、筋和者，种种不一，悉由胎禀。如筋弛则病，筋挛则瘦，筋靡则痿、筋弱则懈，筋缩则亡，筋壮则强，筋舒则长，筋劲则刚，筋和则康。

若其人内无清虚而有障，外无坚固而有碍，岂许入道哉？故入道莫先于易筋以坚其体，壮内以助其外。否则道亦难期。

其所言易筋者，易之为言大矣哉！易者，乃阴阳之道也，易即变化之易也。易之变化，虽存乎阴阳，而阴阳之变化，实有存乎人。弄壶中之日月，搏掌上之阴阳，故二竖①系之。在人无不可易。所以为虚为实者，易之；为寒为暑者，易之；为刚为柔者，易之；为静为动者，易之；高下者，易其升降；先后者，易其缓急；顺逆者，易其往来；危者，易之安；乱者，易之治；祸者，易之福；亡者，易之存；气数者，可以易之挽回；天地者，可以易之反复：何莫非易之功也！

至若人身之筋骨，岂不可以易之哉？然筋，人身之经络也，骨节之外，肌肉之内，四肢百骸，无处非筋，无经非络，联络周身，通行血脉，而为精神之外辅。如人肩之能负，手之能摄，足之能履，通身之活泼灵动者，皆筋之挺然者也，岂可容其弛、挛、靡、弱哉？而病、瘦、痿、懈者，又宁许其入道乎？

佛祖以挽回斡旋之法，俾筋挛者，易之以舒；筋弱者，易之以强；筋弛弛者，易之以和；筋缩者，易之以长；筋靡者，易之以壮。即绵涯之身，可以立成铁石，何莫非易之功也！

身之利也，圣之基也，此其一端耳，故阴阳为人握也。而阴阳不得自为阴阳，人各成其人也。而人勿为阴阳所罗，以血气之躯，而易为金石之体，内无障、外无碍，始可入得定去，出得（穴）〔定〕来。然此着功夫，亦非细故也。而功有渐次，法有内外，气有运用，行有起止。至药物器制，火候②岁年，饮食起居，始终各有征验。其入斯门者，务宜先办香信，次立虔心，奋勇坚往精进③，如法行搏而不懈，无不立跻于圣域者云。

般剌密谛曰：此篇就达摩大师本意，言易筋之大概，译而成文，毫不敢加以臆见，或创造一语。后篇行功法，则具详原经译义。倘遇西竺高明圣僧，再请琢磨可也。

注释

① 二竖：病魔的代名词，《左传·成公十年》："公梦疾为二竖子，曰：彼良医也，惧伤我，焉逃之？其一曰：居肓之上，膏之下，若我何？"后比喻不治之症谓"病入膏肓"。
② 火候：内丹术术语。火为元神，候指阶段、节度，即用意念来调呼吸，运精炼气。
③ 精进：佛教名相。即坚持修习佛法，努力上进。

二　膜　论

　　夫一人之身，内而五脏六腑，外而四肢百骸，内而精气与神，外而筋骨与肉，共成其一身也。如脏腑之外，筋骨主之；筋骨之外，肌肉主之；肌肉之内，血脉主之。周身上下，动摇活泼者，此又主之于气也。是故修炼之功，全在培养气血者，为大要也。

　　即如天之生物，亦〔莫〕不随阴阳之所至，而百物生焉，况于人生乎？又况于修炼乎？且夫精、气、神虽无形之物也，筋、骨、肉乃有形之身也。此法必先炼有形者，为无形之佐，培无形者，为有形之辅，是一而二、二而一者也。若专培无形而弃有形，则不可。专炼有形而弃无形，则更不可。所以有形之身，必得无形之气，相倚而不相违，乃成不坏之体。设相违而不相倚，则有形者亦化而无形矣。

　　是故炼筋，必须炼膜，炼膜必须炼气。然而炼筋易，而炼膜难；炼膜难，而炼气更难也。先从极难、极乱处立定脚跟，后向不动不摇处认斯真法。务培其元气，守其中气，保其正气，护其肾气，养其肝气，调其肺气，理其脾气，升其清气，降其浊气，闭其邪恶不正之气，勿伤于气，勿逆于气，勿忧思悲怒，以预其气，使气清而平，平而和，和而畅达，能行于筋，串于膜，以至通身灵动，无处不行，无处不到。气至则膜起，气行则膜张，能起能张，则膜与筋齐坚齐固矣。

　　如炼筋不炼膜，而膜无所主；炼膜不炼筋，而膜无所依；炼筋、炼膜而不炼气，而筋膜泥而不起；炼气而不炼筋膜，而气痿，而不能宣达、流串于经络，气不能流串，则筋不能坚固。此所谓参互共用，错综其道也。

　　俟炼至筋起之后，必宜倍加功力，务使周身之膜，皆能腾起，与筋齐坚，始为了当。否则筋坚无助，譬如植物，无土培养，岂曰全功也哉？

般刺密谛曰：此篇言易筋以炼膜为先，炼膜以炼气为主，然此膜人多不识，不可为脂膜之膜，乃筋膜之膜也。脂膜，腔中物也；筋膜，骨外物也。筋则联络肢骸，膜则包贴骸骨。筋与膜较，膜软于筋；肉与膜较，膜劲于肉。膜居肉之内，骨之外，包骨衬肉之物也。其状若此。行此功者，必使气串于膜间，护其骨，壮其筋，合为一体，乃曰全功。

三　内壮论

内与外对，壮与衰对。壮与衰较，壮可久也。内与外较，外勿略也。内壮言坚，外壮言勇，坚而能勇，是真勇也；勇而能坚，是真坚也。坚坚勇勇，勇勇坚坚，乃万劫不化之身，方是金刚之体矣。

凡炼内壮，其则有三：

一曰：守此中道①。守中②者，专于积气也。积气者，专于眼、耳、鼻、舌、身、意也。其下手之要，妙于用揉，其法详后。

凡揉之时，宜解襟仰卧，手掌着处，其一掌下，胸腹之间，即名曰"中"，惟此"中"乃存气之地，应须守之。

守之之法，在乎含其眼光，凝其耳韵，均其鼻息，缄其口气，逸其身劳，锁其意驰，四肢不动，一念冥心，先存想③其中道，后绝其诸妄念，渐至如一不动④，是名曰"守"，斯为合式。

盖揉在于是，则一身之精气神，俱注于是，久久积之，自成其庚方一片矣。设如杂念纷纷，驰想世务，神气随之而不凝，则虚其揉矣，何益之有？

二曰：勿他想。人身之中，精神气血，不能自主，悉听于意，意行则行，意止则止。"守中"之时，意随掌下，是为合式。

若或驰意于各肢，其所凝积，精气与神，随即走散于各肢，即成外壮，而非内壮矣。揉而不积，又虚其揉矣。有何益哉？

三曰：持其充周。凡"揉"与"守"，所以积气。气既积矣，精神血脉，悉皆附之。守之不驰，揉之且久，气惟中蕴⑤，而不旁溢，气积而力自积，气充而力自周。此气即孟子所谓，至大至刚，塞乎天地之间者，是吾浩然之气也。

设未及"充周"，驰意外走，散于四肢，不惟外壮不全，而内壮亦属不坚，则两无是处矣。

般剌密谛曰：人之初生，本来原善，若为情欲杂念分去，则本来面目，一切抹倒。又为眼、耳、鼻、舌、身、意，分损灵犀，蔽其慧性，以致不能悟道。

所以，达摩大师面壁少林九载者，是不纵耳目之欲也。耳目不为欲纵，猿马⑥自被其锁缚矣。故达摩得斯真法，始能只履西归，而登正果也。

此篇乃达摩佛祖心印⑦，先基真法，在"守中"一句，其用在"含其眼光"七句⑧，若能如法行之，则虽愚则明，虽柔必强，极乐世界可立面登矣。

注释

① 中道：佛教名相，意为不堕有、无或空、假等"两边"，不偏不倚的中正之道，道即道理或方法。

② 守中：出自《老子》第五章："虚而不屈，动而愈出，多言数穷，不如守中。"

③ 存想：导引术语。导引方法之一，存想中道，即意守中道。《天隐子》："存谓存我之神，想谓想我之身。"

④ 如一不动：佛教名相，亦作如如不动。《金刚经》："不取于相，如如不动。"

⑤ 中蕴：中即守中之中，蕴是蕴藏、积聚的意思。

⑥ 猿马：即心猿意马，喻人心散乱如猿猴，胡思乱想。

⑦ 心印：佛教名相。又名密印，心者佛心，印者印可。禅宗不立文字，不依言语，只以心传心。

⑧ 七句：即前文"含其眼光，凝其耳韵，均其鼻息，缄其口气，逸其身劳，锁其意驰，四肢不动"。

四 揉 法

　　夫揉①之为用，意在磨砺其筋骨也。磨砺者，即揉之谓也。其法有三段，每段百日。

　　一曰：揉有节候。如春月起功，功行之时，恐有春寒，难以（裹）〔裸〕体，只可解开襟次，行于二月中旬，取天道渐和，方能现身，下功渐暖，乃为通便，任意可行也。

　　二曰：揉有定式。人之一身，右气左血②，凡揉之法，宜从身右，推向于左，是取推气入于血分，令其通融。又取胃居于右，揉令胃宽，能多纳气。又取揉者，右掌有力，用而不劳。

　　三曰：揉宜轻浅。凡揉之法，虽曰人功，宜法天义。天地生物，渐次不骤，气至自生，候至物成。揉若法之，但取推荡，徐徐来往，勿重勿深，久久自得，是为合式。

　　设合太重，必伤皮肤，恐生斑痱，深则伤于肌肉、筋膜，恐生热肿，不可不慎。（被揉者仰卧于床，使童子立床头，伸右手揉被揉者之右腹。）

注释

① 揉：揉法是古代按摩手法之一，"揉"谓矫而正之。
② 右气左血：中医学认为，五脏脏象的定位是右肺左肝，肺属气、肝藏血。并非指肺和肝的解剖位置。

五　采精华法^①

太阳之精，太阴之华，二气交融，化生万物。

古人善采咽者，久久皆仙，其法秘密，世人莫知，即有知者，苦无坚志，且无恒心，是为虚负，居诸而成之者少也。

凡行内炼者，自初功始，至于成功，以至终身，勿论闲忙，勿及外事。若采咽之功，苟无间断，则仙道不难于成，其所以采咽者，盖取阴阳精华，益我神智，俾凝滞^②渐消，清灵^③自长，百病不生，良有大益。

其法：日取于朔^④，谓与月初之交，其气方新，堪取日精；月取于望^⑤，谓金水盈满，其气正旺，堪取月华。

设朔、望日，遇有阴雨，或值不服^⑥，则取初二、初三，十六、十七，犹可凝神补取，若过此六日，则日昃、月亏，虚而不足取也。

朔取日精，宜寅、卯^⑦时，高处默对，调匀鼻息，细吸光华，合满一口，闭息凝神，细细咽下，以意送之，至于中宫^⑧，是为一咽。如此七咽，静守片时，然后起行，任从酬应，毫无妨碍。

望取月华，亦准前法，于戌、亥^⑨时，采吞七咽。此乃天地自然之力，惟有恒心者，乃能享用之，亦惟有信心，乃能取用之。此为法中之一部大功，切勿忽误也。

注释（转下页）

六　服药法

　　炼壮之功，外资于揉，内资于药。

　　行功之际，先服药一丸，约药入胃，将化之时，即行揉功。揉与药力，两相迎凑，乃为得法，过犹不及，皆无益也。

　　行功三日，服药一次，照此为常。

注释（接上页）

① 采精华法：道家养生秘法，古代医书和道书中多有记载。
② 凝滞：医学术语，凝指血凝，滞指气滞，即气滞血瘀。
③ 清灵：内丹术术语，清指清虚，灵指灵动。即清虚灵动，智慧显现。
④ 朔：夏历（农历）每月初一、初二、初三日为朔日，可采日精。又特指每月初一日。
⑤ 望：夏历（农历）每月十四、十五、十六三日为望日，可采月华。又特指每月十五日。
⑥ 不服：导引术语，服即服气，天气不佳不服。
⑦ 寅、卯：寅时是地支的第三位，凌晨三点到五点。卯时是地支的第四位，早晨五点到七点。
⑧ 中宫：内丹术术语，指中丹田。《中和集》："神居乾宫，气居中宫，精居坤宫。"
⑨ 戌、亥：戌时是地支的第十一位，下午七点到九点。亥时是地支的最末一位，晚上九点到十一点。

七　内壮药方[1]

野蒺藜	炒去刺	白茯苓	去皮
白芍药	火煨	熟地黄	酒制
炙甘草	蜜炙	朱　砂	水飞　各五两
人　参		白　米	土炒
当　归	酒制	川　芎	各一两

共为细末，炼蜜为丸，重二钱，每服一丸，汤酒任下。

一云，多品合丸，其力不专，另立三方任用。

一方：蒺藜炒去刺，炼蜜为丸，每服一钱或二钱。

一方：朱砂　三分水飞过　蜜水调下。

一方：茯苓，去皮为末，蜜丸或蜜水调下，或作块浸蜜中，久浸愈佳，约服一钱。

注释

① 内壮药方：为补气兼血之复方，大蜜丸剂。

八　汤洗方^①

　　行功之时，频宜汤洗，盖取其盐能软坚，功力易入，凉能散火，不致骤热。

　　一日一洗，或二日一洗，以此为常，功成则止。

　　地骨皮、食盐，各宜量，入煎水，乘热汤洗，则血气融和，皮肤舒畅矣。

注释

① 汤洗方：为外用药方，水剂，活血行气，去皮肤表面硬皮。

九 初月①行功法

初揉之时，拣择少年童子，更迭揉之，一取力小，揉推不重，一取少年，血气壮盛。

未揉之，先服药一丸，约药将化时，即行揉法，揉力与药一齐运行，乃得其妙。

揉时当解襟仰卧，心下脐上，适当其中，按以一掌，自右向左揉之，徐徐往来均匀。勿轻而离皮，勿重而着骨，勿乱动游击，斯为合式。

当揉之时，冥心内观，着意守中，勿忘勿助，意不外驰，则精、气、神皆附注一掌之下。是为如法。

火候若"守中"练熟，揉推匀净，正揉之际，竟能睡熟，更为得法，愈于醒守也。如此行时，约略一时。时不能定，则以大香②二炷为则，早、午、晚共行三次，日以为常。

如少年火盛，只宜每晚两次，恐其太骤，致生他虞，行功既毕，静睡片刻，清醒而起，应酬无碍。

注释

① 初月：初月为十二月行功之初，古时传功讲究时机，以夏历计传功从正月始，为初月行功，随四时变化而行功。

② 大香：古时炼功焚香，有两种作用：一是计时，一炷香为半个时辰（一小时）。二是檀香之性味，有通经、开窍、醒脑之功效。

十　二月行功法

　　初功一月，气已凝聚，胃觉宽大，其腹两旁，筋皆腾起，各宽寸余，用气努之，硬如木石，便为有验[①]。

　　两筋之间，自心至脐，软而有陷，此则是膜较深于筋，掌揉不到，不能腾起也。

　　此时应于前所揉，一掌之旁，各揉开一掌，乃如前法，徐徐揉之，其中软处，须用木杵[②]，深深捣之。

　　久则膜皆腾起，浮至于皮，与筋齐坚，全无软陷，始为全功。

　　此揉、捣之功，亦准二香，日行三次，以为常则，可无火盛之虞矣。

注释

① 有验：炼功之功效是有验证的，初月行功后即可验。

② 木杵：木杵、木槌是二月以后行功之工具，详见《木杵木槌说》。

十一　三月行功法

　　功满两月，其间陷处，至此略起，乃用木槌，轻轻打之。两旁所揉，各宽一掌处，却用木槌，如法捣之。

　　又于其旁，至两筋稍，各开一掌，如法揉之。

　　准以二香为则，日行三次。

十二　四月行功法

　　功满三月，其中三掌，皆用槌打，其外二掌，先捣后打[1]。日行三次，俱准二香，功逾百日，则气满筋坚，膜亦腾起，是为有验。

注释

① 先捣后打：三月以前行功揉配合捣，从四月行功始须先捣后打，打即排打，排打法详见《行功轻重法》、《用功浅深法》、《两肋内外功夫》、《木杵木槌说》、《石袋说》等。

十三 行功轻重法

初行功时，以轻为主，必须童子，其力平也。

一月之后，其力渐盛，须有力者，渐渐加重，乃为合宜。切勿太重，以至动火，切勿游移，或致伤皮。慎之，慎之！

十四 用功浅深法

初功用揉，取其浅也，渐次加力，是因气坚，稍为增重，仍是浅也。

次功用捣，方取其深，再次用打，打外虽尚属浅，而震入于内则属深，俾内外皆坚，方为有得。

十五 两肋内外功夫

功逾百日，气已盈满，譬之涧水，平岸浮堤，稍为决道，则奔放他之，无处不到，无复在涧矣。当此之时，切勿用意引入四肢，所揉之外，切勿轻用槌杵捣打。略有引导，则入四肢，即成外勇，不复来归，行于骨内，不成内壮矣。

其入内之法：为一石袋，自从心口，至两肋稍，骨肉之间，密密捣之。

兼用揉法，更用打法，如是久久，则所积盈满之气，循之入骨，有此则不外溢，始成内壮矣。

内外两支，于此分界，极当辨审，倘其中稍有夹杂，若轻用引弓、拿拳、打扑等式，则气趋行于外，永不能复入内矣。慎之，慎之！

十六　木杵木槌说

　　木杵、木槌皆用坚木为之，降真香为最佳，文楠次之，花梨、白檀、铁梨又次之。

　　杵长六寸，中径五分，头圆尾尖，即为合式。

　　槌长一尺，围圆四寸，把细顶粗，其粗之中处略高少许，其高处着肉，而两头尚有间空，是为合式。

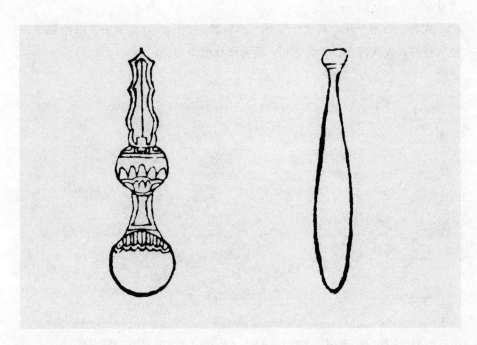

木杵图　　　　　　　　　　木槌图

十七 石袋说

木杵、木槌，用于肉处，其骨缝之间，悉宜石袋①打之。

取石头要圆净，全无棱角，大如葡萄，小如榴子，生于水中者，乃堪入选。

山中者，燥燥则火易动；土中者，郁郁则气不畅。皆不选也。若棱角坚硬，定伤筋骨，虽产诸水，亦不可选。

袋用油布缝作圆筒，如木杵形样，其大者长八寸，其次六寸，再次五寸。

大者，石用一斤，其次十二两②；小者，半斤。分置袋中，以指挑之，挨次扑打，久久行之，骨缝之间，膜皆坚壮也。

注释

① 石袋：排打功的工具，采用什么形状、多大的石子，取于什么地方，本章节都有说明。

② 十二两：旧制重量单位，一市斤合十六两。

十八 五、六、七、八月行功法

功逾百日，心下两旁，至两肋之稍，已用石袋打①，而且揉矣。

此处乃骨缝之交，内壮、外壮，在此分界，不于此处导引②向外，则其积气向骨缝中行矣。

气循打处，遂路而行，宜自心口，打至于颈；又自肋稍，打至于肩，周而复始，均不可逆打。

日行三次，共准六香，勿得间断，如此百日，则气满前怀，任脉充盈，功将半矣。

注释

① 石袋打：即排打功，五至八月行功，可用排打法结合揉法，使气能向骨缝中行，排打不宜过重、过急，排打法应视为"易筋以坚其体"的一种辅助手段。

② 导引：中医学名词，又称道引、引。为中医六术之一。最早见于《庄子·刻意》："导引之士，养形之人。"李颐注："导气令和，引体令柔。"

十九 九、十、十一、十二月行功法①

　　功至二百日，前怀气满，任脉充盈，则宜运入脊后，以充督脉，从前之气，以至肩颈，今则自肩至颈，照前打法，兼用揉法，上循玉枕②，中至夹脊③，下至尾闾④，处处打之，周而复始，不可倒行。

　　脊旁软处，以掌揉之，或用槌杵，随便捣打，日准六香，其行三次，或上或下，或左或右，揉打周遍。如此百日，气满脊后，能无百病，督脉充满。凡打一次，用手遍搓，令其均润。

注释

① 九、十、十一、十二月行功法：这四个月的行功至关重要，连续通后三关（尾闾、夹脊、玉枕）。

② 玉枕：内丹术术语，后三关之一，玉枕在后脑骨，又名风池、铁壁，此关窍最小而难开。

③ 夹脊：内丹术术语，后三关之一，夹脊在背脊二十四节，上应二十四节气。又名双关。直透顶门。

④ 尾闾：内丹术术语，后三关之一，尾闾在尻背上第三节，又名长强、三岔路、河车路、禁门等。其下是关元，其前曰气海，乃阴阳变化之处，任督交会之地。

二十　配合阴阳法

天地一大阴阳也，阴阳相交，而后万物生；人身一小阴阳也，阴阳相交，而后百病无。

阴阳互用[1]，气血交融，自然无病，无病则壮，其理分明。然行此功，亦借阴阳交互之义，盗天地万物之元机也，如此却病。

凡人身中，其阳衰者，多患痿弱，虚惫之疾，宜用童子少妇，依法揉之。盖以女子外阴而内阳[2]，借取其阳，以助我之衰，自然之理也。

若阳盛阴衰者，多患人病，宜用童子少男，盖以男子外阳而内阴[3]，借取其阴，以制我之阳盛，亦是元机。

至于无病之人，行此功者，则从其便，若用童男少女，相间揉之，令其阴阳各畅，行之更妙。

注释

[1] 阴阳互用：运用人与自然、人与人之间的阴阳互用，这一方法从《揉法》章开始一直在介绍，阴阳的配合须有正念在心，方为互利。

[2] 女子外阴而内阳：中医学认为，女子体表属阴，而内里属阳。

[3] 男子外阳而内阴：中医学认为，男子体表属阳，而内里属阴。

二十一 下部行功法^①

积气至三百余日，前后任、督二脉，悉皆充满，再行此下部功夫，令其通贯^②。

盖以任、督二脉，人在母胎本已生成，至出胎以后，饮食出入，隔其前后，分为二脉。其督脉，自上龈循顶，行脊间至尾闾；其任脉，自承浆循胸行腹下至会阴，两不相贯合。行此下部之功，则气至，可以通接而交旋矣。

行此功夫，其法在两处，其目有十段。

两处者，一在睾丸，一在玉茎。在睾丸，曰攒、曰挣、曰搓、曰拍；在玉茎，曰咽、曰摔、曰握、曰洗、曰束、曰养。

以上十字，除咽、洗、束、养外，余六字，用手行功。皆自轻至重，自松自紧，自驰至安，周而复始，不计其数。

日以六香，分行三次，百日成功，则其气充满，超越万物矣。

凡攒、挣、拍、摔、握、搓六字，皆手行之，渐次轻重。

若咽，则初行之始，先吸三口清气，以意咽下，默送至胸；再吸一口，送至脐间；又吸一口，送至下部行功处。然后乃行攒、挣等功。

握字功，皆用努气至顶，方为有得，日以为常。

洗者，用药水，逐日荡洗一次，一取透和气血，一取苍老皮肤。

束字者，功毕洗毕，用软帛作绳，束其根茎，松紧适宜，取其常伸不屈之意。

养者，功成物壮，百战胜人，是其本分。犹恐其嫩，或致他虞，先用旧鼎，时或养之。养之者，宜安闲温养，切勿驰骋，务令惯战，然后能无敌矣。

行满百日，久久益佳。弱者强，柔者刚，缩者长，病者康，居然烈丈夫。虽木石铁槌，亦无所惮。以之鏖战，应无敌手；以之采取，可得元珠；以之延嗣，则百斯男。吾不知天地之间，更有何药大于是法！

注释

① 下部行功法：即周天功的实炼法，与内丹功用意通。这部功法十分重要。在此要求行功将近一年，才能行《下部行功》之手法和吐纳法。

② 通贯：这里是指任脉和督脉两脉通贯，即气循周天运行。

二十二　行功禁忌①

　　自上部初功起，至此凡三百余日，勿多进内（戒房事也）。盖此功以积气为主，而精神随之。

　　初功百日内，全宜忌之，百日功毕后，方可进内一次，以疏通其留澄，多不过二次，切不可三次，向后皆同此意。

　　至行下部功时，五十日间，疏放一次，以去其旧，令生其新，以后慎加保守。

　　此精乃作壮之本，万勿浪用，俟功成气坚，收放在我，顺施在人，进内则其道非凡，不可以价值论也。

注释

① 行功禁忌：是指初学《易筋经》时，十二月行功的禁忌，为筑基的行功禁忌，须惜精保气。

二十三　下部洗药方

此行下部功，当用药水，日日汤洗，不可间断，盖取药力，通气和血，苍老皮肤。又且解热退火，不致他变也。

法用：蛇床子　地骨皮　甘草　各量

用煎汤洗，温后热，缓缓汤之。

日一、二次，以为常则。

二十四　用　战[1]

精气与神，炼至坚固，用立根基，希仙作仙，能勇精进也。

设人缘未了，用之临敌，对垒时其切要处，在于意有所寄，气不外驰，则精自不狂，守而不走。

设欲延嗣，则按时审候，应机而射，一发中的，无不孕者。

设欲鏖战，则闭气存神，按队行兵，自能无敌。

若于下炼之时，加吞剑吹吸等功，相间行熟，则为泥水采补，最上神锋也。

注释

① 用战：即房中术，炼功后精满气足，应惜精养气，肾虚阳痿者，可参照此法。

二十五 内壮神勇①

壮有内外，前虽言分，量尚未究竟，此再明之。自行胁肋打揉之功，气入骨分，令至任、督二脉，气充遍满，前后交接矣。

尚未见力，何以言勇？盖以气未到手也，法用石袋，照前打之。

先用右肩以次打下，至于右手中指之背；又从肩背后，打至大指、食指之背；又从肩前，打至无名指、小指之背；后从肩里，打至掌内大指、食指之梢；又从肩外，打至掌内中指、无名指、小指之梢。打毕用手处处搓揉，令其匀和。

日限六香，分行三次，时常汤洗，以疏气血。

功毕百日，其气始透，乃行左手，仍准前法，功亦百日。

至此则从骨中，生出神力，久久加功，其臂、腕、指、掌，迥异寻常，以意努之，硬如铁石。并其指，可惯牛腹；侧其掌，可断牛头。然此皆小用之末技也。

注释

① 内壮神勇：《内壮神勇》开篇讲"周天功"属内功类，后面是"排打功"，属硬功类。

二十六 炼手余功^①

行功之后，余力炼手。

其法：常以热水，频频汤洗，初温，次热，最后大热。自掌至腕，皆令周遍。汤毕，不用拭干，即趁热摆撒其掌，以至自干。摆撒之际，以意努气，至于指尖，是生力之法。

又以黑、绿二豆，拌置斗中。以手插豆，不计其数。

一取汤洗，和其血气；一取二豆，能去火毒；一取磨砺，坚其皮肤。如此功久，则所积之气，行至于手，而力充矣。

其皮肤、筋膜两坚，着骨不软不硬，如不用之时，与常人无异，用时注意一努，坚如铁石，以之御物，莫能当此。盖此力自骨中生出，与世俗所谓外壮，迥不相同。

内外之分，看筋可辨，内壮者，其筋条畅，其皮细腻，而其力极重。若外壮者，其皮粗老，其掌与腕，处处之筋，尽皆盘结，壮如蚯蚓，浮于皮外，而其力虽多，终无基本。此内外之辨也。

注释

① 炼手余功：是在炼《易筋经》后，再将余力炼手，属硬功类。

二十七　外壮神力八段锦[①]

内壮既得，骨力坚凝，然后可以引达于外，盖以其内有根基。

由中达外，方为有本之学，炼外之功，概此"八法"，曰提、曰举、曰推、曰拉、曰揪、曰按、曰抓、曰盈。依此八法，努力行之，各行一遍，周而复始，不计其数。

亦准六香，日行三次，久久成功，力充周身。

用时照法取力，无不响应，骇人听闻。古所谓，手托城闸，力能举鼎，俱非异事。

其"八法"，若逐字单行，以次相及，更为精专，任从其便。

注释

① 神力八段锦：即提、举、推、拉、揪、按、抓、盈八法，属内功类。

二十八　神勇余功①

内外两全，方称神勇，其功既成，以后常宜演炼，勿轻放逸。

一择园木诸树，大而且茂者，是得木土旺相之气，与众殊也。有暇之时，即至树下，任意行功，或槌，或挖，或推、拉、踢、拔，诸般作势，任意为之，盖取得其生气，以生我力，而又取暇，以成功也。

一择山野挺立大石，秀润完好，殊众者。时就其旁，亦行推、按，种种字法，时常演之。

盖木石得天地之钟英，我能取之，良有大用。稽古大舜，与木石居，非慢然也。

注释

① 神勇余功：借自然界之大树、大石之生气和灵气炼拳脚功夫，属硬功类。

二十九　贾力运力势法①

其法：用意蓄气，周身处处。

初立运之，立必捉直，彻顶踵，无懈骨，卷肱掌，指稍屈，两足齐踵，相去数寸，立定；两手从上，如按物难下状，凡至地，转腕从下，挂物难上，过其顶，两手则又攀物难下，而至肩际，转腕掌向外，微拳之，则卷肱立如初。

乃卷两肱开向后者三；欲令气不匿膺间也；却舒右肱拦之，欲右者，以左逮，于左之爪相向矣。

如将及之，则左手撑而极左，右手拉而却右，左射引满，引满右肱，卷如初矣。

则舒左肱，拦右手，撑左手，扯且满。以右法，左右互者，各三之。

则卷两肱，立如初，左手下附左外踝，踝掌兢劲相切也。

则以右手推物，使左倾，倾矣，顾曳之。使右倚肩际，如是者三之。则右手以下，以左法，左推曳之。以右法者三之。

则卷两肱，立如初，平股掇重者举，势极则（拨）〔扳〕，盖至乳旁而攀矣。

握固②腹则左右间，不附腹也，高下视脐之轮；则劈右拳，据右肩旁一强物，至左足外踵，转腕托上托尽，而肱且右则扳而下，至右肩际拳之；右拳据右腰眼，左右互者，各三之。

徐张后，两拳而前交，又指上举，势极则转腕。

举者，掌下十指端上也。扳者，掌上十指端下也。又掌上拱，手项具筐腋下，皆为举扳焉。就其势倒而左几，左足外地，以前势起，倒而左右互者，各三之。

凡人倒左者，左膝微诎也；倒右者，右膝微诎也；不诎者，法也。

乃取盐汤壮温者，濯右手背，指濡之平直，右肱横挥之而燥则濯左；左挥右燥，复左右互者，各三之，挥且数十矣。

自是两肱不复卷矣。乃蹬右足数十次，乃其期蹬以其踵，则抵之颈，以其趾或绊之也。

则屹立敛足，举前踵，顿地数十，已而两足蹲立，相去以尺，乃挥右拳，前击数十左之；乃仰卧，复卷肱，如立时然，作振脊欲起者数十，而功竣焉。

凡用势，左右必以其脊，但凡揸气，必迄其功，凡工日二、三，必微饮后，及食后一时行之；行之时，则以拳遍自捶，勿使气有所不行，时揸五指，头捣户壁。

凡按久而作木石声，为作屈肘前上之，屈拳前上之，卧必侧面，上手拳而杵席作卧，因其左右，其拳指握固。

注释

① 贾力运力势法：本篇介绍了动功、静功和汤洗方法等。贾（gǔ），意为求取。
② 握固：内丹术术语，握固法即屈拇指，握四指握拳牢固，《老子》曰：骨弱筋柔而握固。

三十 《易筋经》十二势

 1. 韦驮献杵第一势

韦驮献杵第一

定心息气，身体立定，两手如拱，心存静极。

2. 韦驮献杵第二势

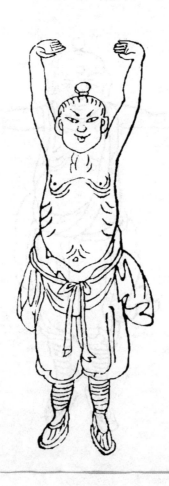

3. 摘星换斗势

单手高举，掌须下覆，目注两掌，吸气不呼，鼻息调匀，
用力收回，左右同之。

4. 出爪亮翅势

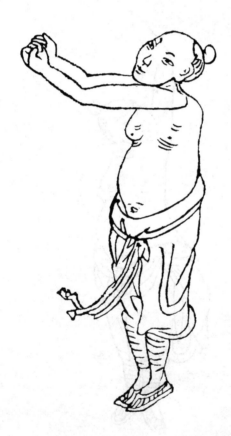

掌向上分，足指拄地，两胁用力，并脚立膀，鼻息调匀，目观天门，
牙咬、舌抵上腭，十指用力，腿直，两拳收回，如挟物然。

5. 倒拽九牛尾势

小腹运气空松，前跪，后腿伸直，二目观拳，两膀用力。

6. 九鬼拔马刀势

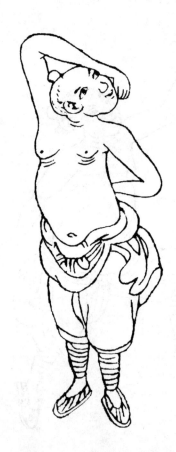

单膀用力，夹抱颈项，自头收回，鼻息调匀，两膝立直，左右同之。

7. 三盘落地势

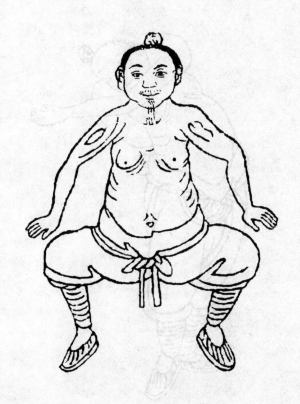

目注牙呲，舌抵上腭，睛瞪口裂，两腿分跪，两手用力抓地，
反掌托起，如托紫金，两腿收直。

8. 青龙探爪势

肩背用力，平掌探出，至地围收，两目注平。

9. 卧虎扑食势

膀背十指用力，两足蹲开，前跪后直，十指拄地，腰平头仰，
胸向前探，鼻息调匀，左右同之。

10. 打躬势

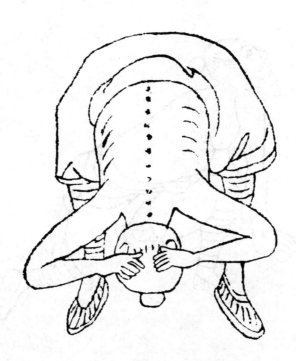

两肘用力，夹抱后脑，头前用力探出，牙咬，舌抵上腭，
躬身低头至腿，两耳掩紧，鼻息调匀。

11. 工尾势

膝直膀伸，躬鞠，两手交，推至地，头昂目注，鼻息调匀，徐徐收入，
脚根顿地二十一次。

12. 收　势

左右膀伸七次。盘膝静坐，口心相注，闭目调息，定静后起。

此功昉自释门，以禅定为主，将欲行持，先须闭目，冥心握固，神思屏去纷扰，澄心调息，至神气凝定，然后依次如式行之，必以神贯意注，毋得徒具其形。若心君妄动，神散意驰，便为徒劳其形而弗获实效。

初炼动式，必心力兼到，静式默数三十，数日渐加，增至百数为止。日行三次，百二十日成功，气力兼得，则可日行二次，气力能凝且坚，则可日行一次，务至意念不兴乃成。

三十一 搓膀腕法[①]

行功毕，先伸左膀，用人以两手，合擎虎口，用力搓之，由渐而增，如初搓以十数把，渐加至百把为度。右亦如之，务使两膀手腕发热透骨。

注释

① 搓膀腕法：国术内功有多种搓膀腕法，但这是内外一体的炼法，功成后不易退化，实属上乘。

三十二 挞炼手足

初炼量力，缝做夹布口袋一个，装米砂五、六十斤，悬挂架上。

用功毕，常用掌推、拳击、足踢、脚蹬，务至动摇，仍用拳脚踢打迎送，日久渐加砂袋斤重。

三十三　炼指法

　　量自力之大小，拣圆净一二斤重石子一筐，用五指抓拿，撒手掷下，不令落地，仍用手指赶抓。如是掷抓，初惟十数次，日久渐加次数暨石子斤数，则五指自觉有力矣。

　　又法：每于坐时，不拘时刻，以左右五指着座，微欠身躯，指自出力，无论群居独坐，皆可行之，日久自能见效。

易筋經附錄下卷

來章氏輯

玉環穴說

天錄識餘云銅人針灸圖載臟腑一身俞穴有
玉環余不知玉環是何物張紫陽玉清金華秘
文論腑仙結丹處曰心下腎上脾左肝右生門
在前密戶居後其連如環其白如綿方圓徑寸

一　玉环穴说

《天录识馀》云，《铜人针灸图》载："脏腑一身，俞穴有玉环。"余不知"玉环"是何物。

张紫阳[1]《玉清金华秘文》论神仙结丹处曰："心下肾上，脾左肝右，生门在前，密户居后，其连如环，其白如锦，方圆径寸，密裹一身之精粹，此即玉环。"

医者论诸种骨蒸，有玉房[2]蒸，亦是"玉环"，其处正与脐相对，人之命脉根蒂也。

《言鲭》[3]云：一气之运行，出入于身中，一时凡一千一百四十五息[4]，一昼夜计一万三千七百四十息。至人之息以踵[5]，存于至深渊默之中。气行无间，绵绵若存，寂然不动，与道同体。若盛气哭号，扬声吟诵，吹笛长歌，多言伤气，皆非养生之道。

注释

[1] 张紫阳（984—1082）：北宋道士，名伯端，字平叔、用成，号紫阳，人称"紫阳真人"。通天文、地理、医卜等，著《玉清金笥青华密文金宝内炼丹法丹诀》、《悟真篇》等，收入《道藏》。

[2] 玉房：内丹术术语，谓精房，实指丹田。《养生书》曰："精藏于玉房，交接太数，则失精。"医者谓"玉房蒸"。

[3] 言鲭：清代吕种玉撰，下文引自《言鲭·生气息》。

[4] 息：内丹术术语，一呼一吸为息。调息法是养生术的入门功夫。

[5] 至人之息以踵：内丹术术语，即踵息，是指经过长期炼习吐纳术后所掌握深长呼吸，呼吸之气直达足踵。《庄子》注曰："起息于踵。"

二　经验药方 四则

(1)　打虎状元丹

人　参	一两	鹿　茸	一对	朱　砂	四两
附　子	三两	远　志	八两	牛　膝	四两
木　瓜	四两	白蒺藜	四两	肉苁蓉	四两
巴　戟	四两	川　乌	四两	白茯苓	四两
杜　仲	四两	麦　冬	四两	枣　仁	四两
天　冬	四两	砂　仁	四两	蛇床子	四两
木　香	二两				

共为细末，炼蜜为丸，每服一钱或黄酒或盐汤下。

(2)　又方

朱　砂　当　归	各一两	白蒺藜	四两
陈　皮	四两	甘　草	三钱
人　参	五钱	肉　桂	五钱
白　术	炒一两	艮　姜	四钱　滚水泡去皮夏用一钱
大附子	一钱	连　翘	二钱
蕤　仁	少许		
夏加茯苓	二钱	上行加川芎	一钱
中行加杜仲	一钱	手行加肉桂	一钱
腿行加牛膝	一钱	脚行加防己	一钱
紫苏夏加	五钱	冬加	一钱

共为细末，炼蜜为丸，白水下。

(3) 大力丸

上蒺藜	炒 半斤	全当归	酒炒 四两
牛 膝	酒炒 四两	枸 杞	四两
鱼 胶	四两	续 断	四两
补骨脂	盐水炒 四两	菟丝饼	四两
螃 蟹	炒黄 半斤	虎 头	酥灸，要前腿骨 四两

右药①共为细末，炼蜜为丸，每服三钱，清晨黄酒下。

(4) 洗手仙方

川 乌	草 乌	南 星	蛇 床	各半两	
半 夏	百 部	花 椒	狼 毒	透骨草	藜 芦
龙 骨	海 牙	地骨皮	紫 花	地 丁	各一两
清 盐	四两	硫 磺	一块 二两		

醋五碗、水五碗熬至七碗，每日汤洗，止用三料全效。

历见"壮筋骨药方"，率皆欲速见效，妄投猛烈药物，虽气力遽见增长，而致残生者颇多，是以余抄集《经验方》，内择其屡经屡验、药性平温、不致决烈者，录之，以为用功之一助云尔。

注释

① 右药：古本原为竖版，药方在右侧，故称为右药。

三 任、督二脉图

整理者按： 此处介绍的任、督二脉图选用《灵枢经》之图谱稍加改造，舍去了《易筋经》原本中的手绘任、督两脉图。

任脉图

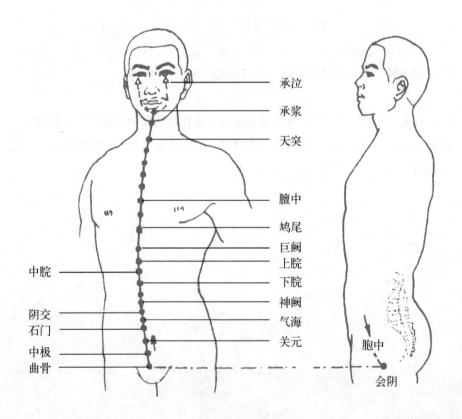

任脉者，起于中极之下，以上毛际，循腹里，上关元，至咽喉，上循面入目，属阴。脉之海也。

督脉图

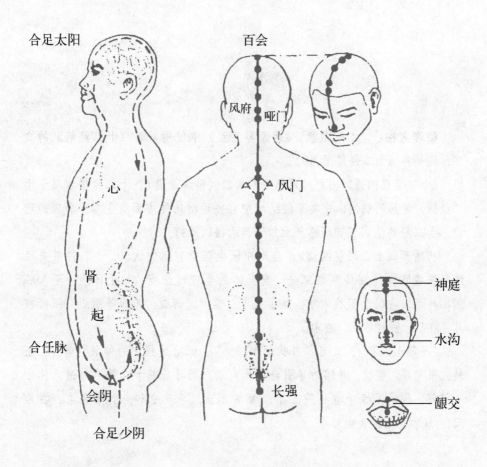

　　督脉者，起于下极之腧，并于脊里，上至风府入脑，上巅，循额至鼻柱，属阳。脉之海也。

四　十二经筋图

整理者按："本衙藏板"《达摩易筋经》中仅附录了《十二经筋》的文字，现补齐《十二经筋图谱》。

《十二经筋图谱》出自《灵枢经》卷四（稍加改造），十二经筋隶属于十二经脉，经筋的病候，充实了经络学中有关运动功能方面的生理、病理的理论。十二经筋依靠脏腑经络气血的濡养而得以维持。

当看到《十二经筋图谱》，会对中医生理学有新的认识，十二经筋是经络系统在肢体外周的联属部分，有具体的生理起止点，行于体表，不入脏腑，其走向均起于四肢末端，结于关节、躯干、胸腹、头部等附近，阳经在外、在后，阴经在内、在前。

"易筋十二势"，又名"韦驮劲十二势"，炼功过程中的伸展、俯仰、扭转、平衡等，筋腱、骨骼的导引会产生内劲，同时易筋十二势会刺激人体十二经筋。因此，炼功者要明了十二经筋起止，导气令和，引体令柔。古语云：气和体柔，长生可求。

1. 手太阴经筋图

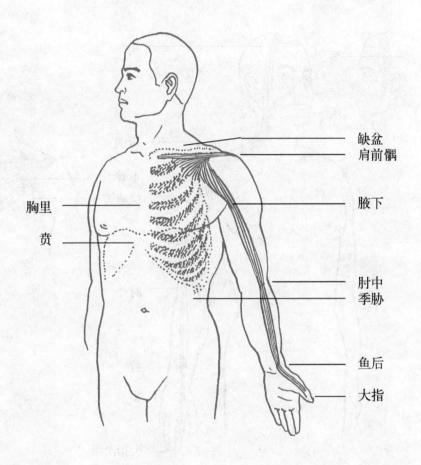

缺盆
肩前髃
腋下
胸里
贲
肘中
季胁
鱼后
大指

　　手太阴之筋，起于大指之上，循指上行，结于鱼后，行寸口外侧，上循臂，结肘中，上臑内廉，入腋下，出缺盆，结肩前髃，上结缺盆，下结胸里，散贯贲，合贲下，抵季胁。

2. 手阳明经筋图

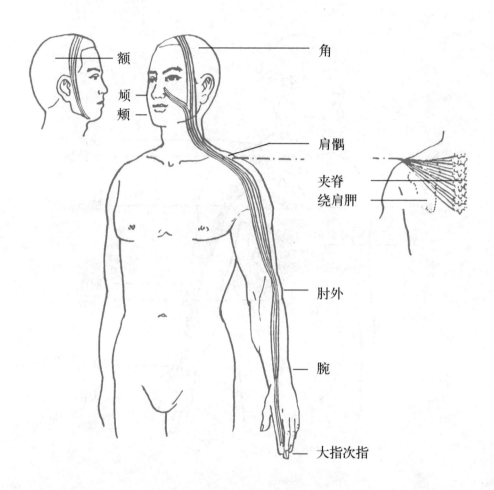

额
颅
颊

角

肩髃

夹脊
绕肩胛

肘外

腕

大指次指

手阳明之筋，起于大指、次指之端，结于腕，上循臂，上结于肘外，上臑，结于髃；其支者，绕肩胛，挟脊；直者，从肩髃上颈；其支者，上颊，结于颅；直者，上出手太阳之前，上左角，络头，下右颔。

3.足阳明经筋图

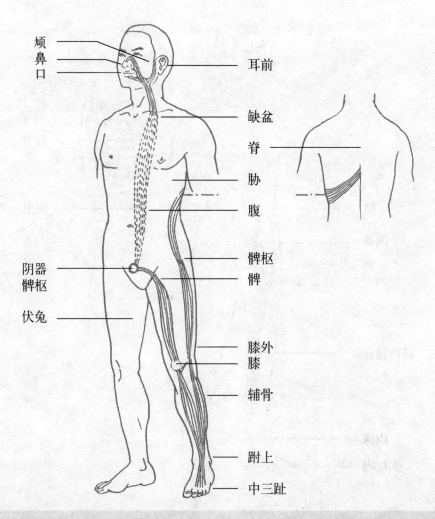

足阳明之筋，起于中三指，结于跗上，邪外上加于辅骨，上结于膝外廉，直上结于髀枢，上循胁，属脊；其直者，上循骭，结于膝；其支者，结于外辅骨，合少阳；其直者，上循伏兔，上结于髀，聚于阴器，上腹而布，至缺盆而结，上颈，上挟口，合于頄，下结于鼻，上合于太阳，太阳为目上纲，阳明为目下纲；其支者，从颊结于耳前。

4. 足太阴经筋图

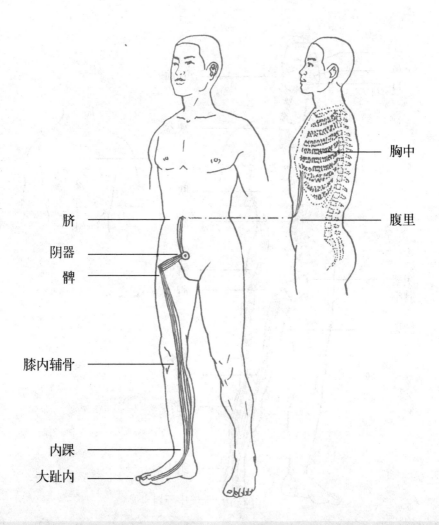

胸中

腹里

脐

阴器

髀

膝内辅骨

内踝

大趾内

　　足太阴之筋，起于大指之端内侧，上结于内踝；其直者络于膝内辅骨，上循阴股，结于髀，聚于阴器，上腹，结于脐。循腹里，结于肋，散于胸中；其内者，著于脊。

5. 手少阴经筋图

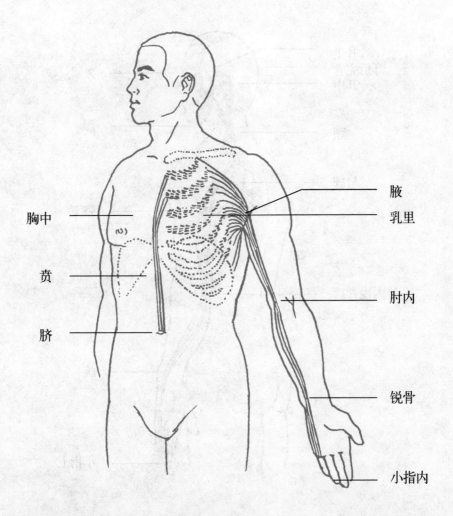

手少阴之筋，起于小指之内侧，结于锐骨，上结肘内廉，上入腋，交太阴，挟乳里，结于胸中，循臂，下系于脐。

6.手太阳经筋图

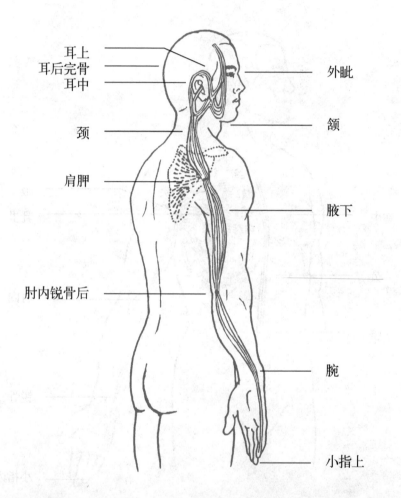

耳上
耳后完骨
耳中

外眦

颈

颔

肩胛

腋下

肘内锐骨后

腕

小指上

　　手太阳之筋，起于小指之上，结于腕，上循臂内廉，结于肘内锐骨之后，弹之应小指之上，入结于腋下；其支者，后走腋后廉，上绕肩胛，循胫出走太阳之前，结于耳后完骨；其支者，入耳中；直者，出耳上，下结于颔，上属目外眦。

7. 足太阳经筋图

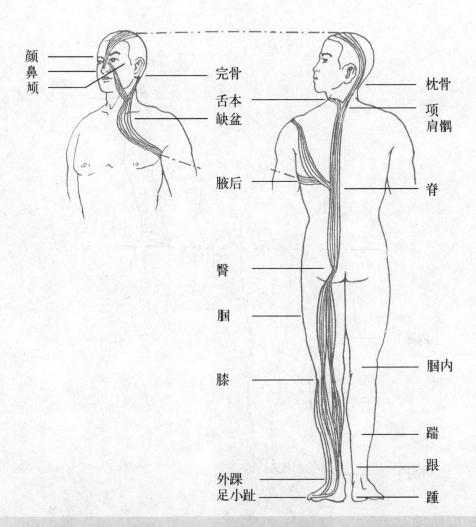

颜
鼻
顺

完骨
舌本
缺盆

腋后

臀
腘
膝

外踝
足小趾

枕骨
项
肩髃

脊

腘内

踹
跟

踵

　　足太阳之筋，起于足小指上，结于踝，邪上结于膝，其下循足外踝，结于踵，上循跟，结于腘；其别者，结于踹外，上腘中内廉，与腘中并上结于臀，上挟脊上项；其支者，别入结于舌本；其直者，结于枕骨，上头下颜，结于鼻；其支者，为目上纲，下结于顺；其支者，从腋后外廉，结于肩髃；其支者，入腋下，上出缺盆，上结于完骨；其支者，出缺盆，邪上出于顺。

8. 足少阴经筋图

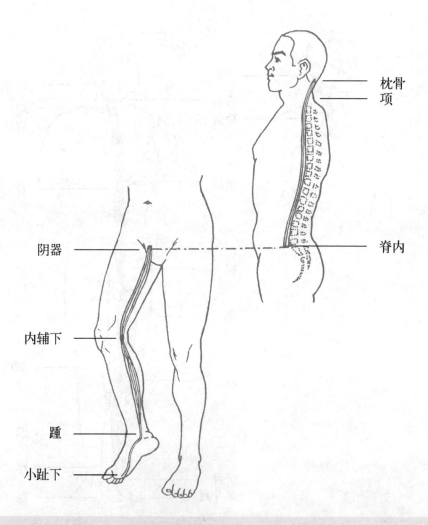

足少阴之筋，起于小指之下，并足太阴之筋邪走内踝之下，结于踵，与太阳之筋合而上结于内辅之下，并太阴之筋而上循阴股，结于阴器，循脊内挟膂，上至项，结于枕骨，与足太阳之筋合。

9.手厥阴经筋图

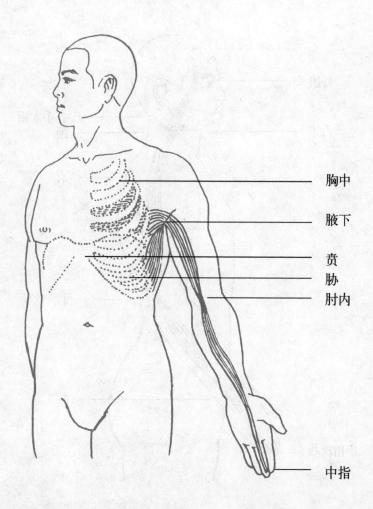

胸中

腋下

贲

胁

肘内

中指

手厥阴之筋，起于中指，与太阴之筋并行，结于肘内廉，上臂阴，结腋下，下散前后挟胁；其支者，入腋，散胸中，结于臂。

10. 手少阳经筋图

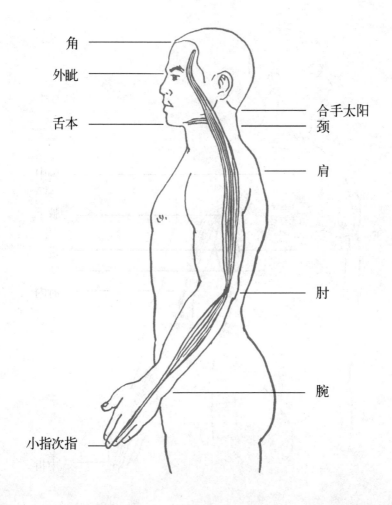

角

外眦

舌本

合手太阳
颈

肩

肘

腕

小指次指

手少阳之筋，起于小指次指之端，结于腕，中循臂结于肘，上绕臑外廉，上肩走颈，合手太阳；其支者，当曲颊入系舌本；其支者，上曲牙，循耳前，属目外眦，上乘颌，结于角。

11. 足少阳经筋图

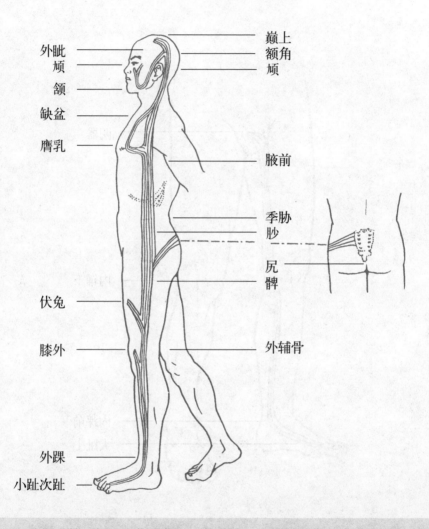

足少阳之筋，起于小指次指，上结外踝，上循胫外廉，结于膝外廉；其支者，别起外辅骨，上走髀，前者结于伏兔之上，后者结于尻；其直者，上乘眇季胁，上走腋前廉，系于膺乳，结于缺盆；直者，上出腋，贯缺盆，出太阳之前，循耳后，上额角，交巅上，下走颔，上结于頄；支者，结于目眦为外维。

12. 足厥阴经筋图

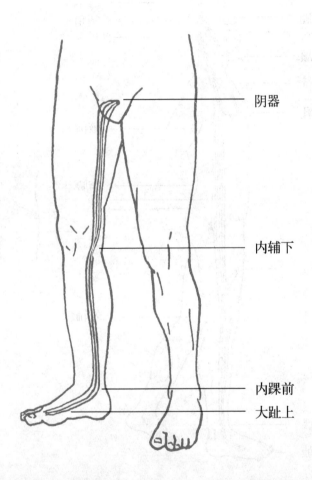

阴器

内辅下

内踝前

大趾上

　　足厥阴之筋，起于大指之上，上结于内踝之前，上循胫，上结内辅之下，上循阴股，结于阴器，络诸筋。

五　气血说

　　休宁汪氏[①]曰："人身之所恃以生者，此气耳。源出中焦，总统于肺，外护于表，内行于里，周通一身，顷刻无间，出入升降，昼夜有常，曷尝病于人哉？及至七情交致，五志妄发，乖戾失常，清者化而为浊，行者阻而不通，表失护卫而不和，里失营运而弗顺。气本属阳，反胜则为火矣。

　　人身之中，气为卫，血为营。经[②]曰：营者，水谷之精也，调和五脏，洒陈于六腑，乃能入于脉也。生化于脾，总统于心，藏受于肝，宣布于肺，施泄于肾，灌溉一身。目得之而能视，耳得之而能听，手得之而能摄，掌得之而能握，足得之而能步，脏得之而能液，腑得之而能气，出入升降，濡润宣通，靡不由此也。

　　饮食日滋，故能阳生阴长。取汁变化，而赤为血也，注之于脉，充则实，少则涩，生旺则六经恃此长养，衰竭则百脉由此空虚。血盛则形盛，血弱则形衰。血者，难成而易亏，可不谨养乎？"

注释

① 汪氏：汪昂，字纫庵，安徽休宁人，清代医药学家，著《医方集解》，所附《勿药元诠》记载较多养生内容。
② 经：指《黄帝内经》，经文引自《素问·痹论》。

《达摩易筋经》之传承

一　学习国术之因缘

我自幼身体羸弱，记得六岁时经常拿着药单去医院打针，但生性好动，打拳、炼功、踢球、游泳、游戏样样不落，不知不觉身体慢慢强壮起来，还记得当体重达到五十公斤时竟能举起五十公斤的杠铃。我意识到自己体质的增强主要得益于国术①，因此，对国术的兴趣越发浓厚了。当时的拳师们有一句口头禅："炼拳不炼功，到老一场空。"但凡炼拳者无论年龄大小、身体强弱都自觉炼功，倒是有些体弱多病者只炼功不打拳，但往往只几个月功夫他们的气色就和以前判若两人。拳师们说："炼拳是'防身'，炼功能'治身'。"

回想起来我学习国术的因缘很殊胜，上海是藏龙卧虎之地，我先后拜唐金元②、朱鑫祥③、卢俊海④等为师，学炼南拳、心意六合和秘宗门的套路，三位老师除了有传承，文化修养也很高，平时看老师炼武是一种享受，跟随老师学习更是一种享受。据唐金元老师、朱鑫祥老师说，他们的老师黄胤⑤师从刘德生⑥老先生。黄胤老先生孤身一人，以授徒为业。据师辈们说，我们的传承来自"岳门"，是宋朝周僮传下来的。修炼功法，我得益于上海的沈洪训⑦老师，他很有修养，上世纪八十年代初我曾到沈老师家中拜访，他耐心地为我讲解《太极五息功》与中医学理论和功法如何融会，并赠送油印讲义一本，我一直珍藏至今。为进一步研究养生学我还亲近了武汉长春观谢宗信⑧道长、武当山王光德⑨和郭高一⑩道长。七十年代湖北黄石市体委成立了拳操辅导站，我应邀传授国术和流行功法，八十年代初和黄顺久⑪老师一起发掘整理了《武当深气深血七星活气功》。此后参加了中华气功进修学院和光明中医函授学习，受益匪浅，又先后亲近了王松龄⑫老师、郭林⑬老师、杨梅君⑭老师等。

在此过程中看到了大量的人因习武炼功而增强了体质，习武炼功我没有家传，也没有门户之见，只要有因缘都虚心求教，因此，所得之法大多是交叉传承；平时比较注重收集古籍善本和民间手抄本，当时觅到一本手抄本《练功秘诀》是金一明⑮先生写的，如获至宝。值得一提的是国术界的门户之见确实障碍了国术的发展，民间非物质文化的传承是很脆弱的，传承中断即断了法脉，据我所知上述的师辈们都为传承的事伤过脑筋。

1986 年我皈依佛门后，急流勇退，放弃社会气功教学，悉心研习传统养生学，寻师访道。与此同时我编著的《实用道家气功法》由广西民族出版社出版，因其实用易学，传承清晰，不用推广却一再重版，应海外华人要求还出版了繁体版。

1995 年至 1997 年我断诸因缘，在上海西南郊闭关阅读《频伽大藏经》，在关房内阅藏之余每天练两遍易筋经和洗髓经，并恭录了近 40 万字佛教医方明⑯的内容。出关后将书稿呈茗山长老⑰审阅，茗老审阅后说："这本书内容很好，可给小和尚（指佛学院的学僧）讲讲。"并题写了一幅字。

后此书稿经真慈大和尚⑱阅后题写了书名，并以此因缘又拜见了国学大师南怀瑾先生，得以印可《易筋经》之法要。南怀瑾先生是注重实修的，吾等凡胎还是看表象，佛家言"相由心生"，吾见南老之成就正如偈曰：内外一体现金容。

中华之国术是有灵魂的，由于历史的原因，国术为文人所不齿，武人不能充分彰显其内涵，又人为地掺杂了一些神化的内容，因此，难登大雅之堂；近年外来的健身法风靡华夏，甚至有人将《易筋经》比作中国的瑜伽也想进入健身房，不清楚自身本源，盲目模仿，对文化的传承和发展是不利的。

中华国术是一门多功能的整体学科，并非局限于现代武术套路、散手、短兵、擒拿、格斗等，国术思想方法和中国传统文化关系密切，如手、眼、身、法、步的变化协调；太极言阴阳；内家功夫言五行、八卦；导引养生言守中、致柔；行气炼形者言经筋、气脉、丹田等。国术注重身心灵和天人合一的整体观，《易筋经》提出了整体运动的概念，若能适时地调整形体可消除生理障碍，调整意念可消除心理障碍，调整呼吸能提高代谢功能和免疫功能。生命不止，运动不息，致柔乃国术之精髓，是任何灵丹妙药和仿生仪器替代不了的。现代医学也证明，人的自身潜力是很大的，自己的心身自己

"调"，自己的心灵自己"修"，我们的师辈在列强辱国时曾提出"强国必先强身"的口号。这也使得民族的文化和精神得以传承和延续。

吾师谓：修习以正其身，是为最高武学。

注释

① 国术：民国时期将各种传统民族体育统称为"国术"，主要涉及各门各派的拳脚功夫、套路、角力、摔跤、散手、骑术、柔术，增气力的石锁、石担，各种冷兵器、火器，还包括练习灵巧和平衡的跳绳、踢毽子等游戏。

② 唐金元（1920—2005）：江苏江阴人，毕业于上海圣约翰大学，1948年师从南派猴王黄胤，精通南少林拳、罗汉拳、易筋经、岩鹰拳等。

③ 朱鑫祥：上海人，著名武术家，师从黄胤、佟忠义、谢映斋等明师。善易筋经、化功拳、猴拳、罗汉拳等。

④ 卢俊海：河北沧州人，中国武术名家卢振铎之子，曾任上海市武术队教练，家传秘宗门，善秘宗拳、青萍剑等。现在英国开武馆。

⑤ 黄胤（1896—1975）：上海人，师承刘德生，善猴拳，终生以授徒为业。

⑥ 刘德生（1875—1969）：江苏常州人，祖上开镖局，1914年来上海，担任公共体育场（即沪南体育场前身）武术教师。

⑦ 沈洪训：上海人，中医师，善太极五息功，为当今第一位气功学博士之导师，现在比利时授徒。

⑧ 谢宗信（1911—2005）：原中国道教协会副会长，先后任武汉长春观和北京白云观住持，通医道。

⑨ 王光德（1947—2001）：道名王通圣，原武当山全山住持。

⑩ 郭高一：武当山道长，善武当功法，武当山道教协会武术总教练，住持九宫山。

⑪ 黄顺久：湖北黄石人，从小习武，擅长内家拳法，现为湖北师范学院教师。

⑫ 王松龄：近代养生学家，曾任北京海淀气功学院教授，善道家养生法，是近代为数不多的有修证者。

⑬ 郭林（1909—1984）：著名画家，近代名气功家，创编"郭林新气功"。

⑭ 杨梅君（1903—2002）：近代名气功家，传授"大雁气功"。

⑮ 金一明：江苏扬州人，民国时江苏省国术馆训育处长，著名拳师，师承涤尘禅师等。精易筋经、洗髓经，提出强国之道首在强身。著《练功秘诀》、《中国技击精华》等。

⑯ 医方：佛教称医药学，明即学，佛教有五明：一因明、二内明、三声明、四工巧明、五医方明。

⑰ 茗山长老（1914—2001）：原中国佛教协会副会长，中国佛学院栖霞分院院长，镇江焦山寺方丈。

⑱ 真慈大和尚（1928—2005）：江苏仪征人，原中国佛教协会常务理事，南京栖霞寺、灵谷寺方丈。

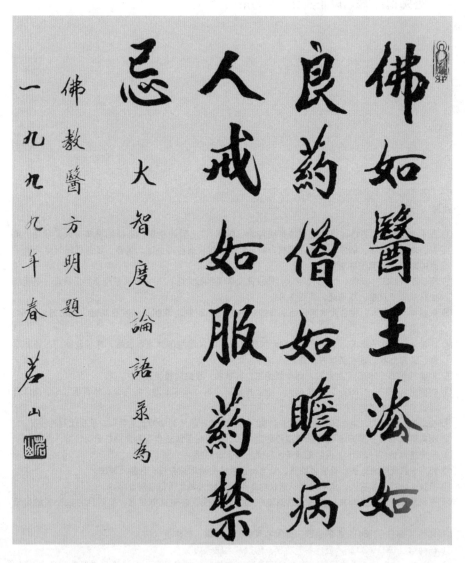

佛如醫王法如
良藥僧如瞻病
人戒如服藥禁
忌 大智度論語录為
佛教醫方明題
一九九九年春 茗山

茗山长老题字

二　《达摩易筋经》之传承

　　传承是指师徒间的法脉相承，师徒间朝夕相处言传身教，精微之处口传心授，以心印心，并有法本等物表信，一代一代向下传承。但是除了门户之见外，师门亦有亲疏之别，学者讳莫如深，师又不尽其说，支离授受，各师其师，各得其得，学者若能破除门户之见，择其善者而习之，则可保传承之完整。中国的传统文化是注重传承的，古代文明得以传承者，即是人类所需要的。《达摩易筋经》传到今天，说明尽管现代科技突飞猛进，人类还得借助古代养生智慧和方法来保持身心健康，尽管一切都在变化，人的生理不会变，人心向善亦不会变，后人创编的各种新方法都万变不离其宗。

　　释迦牟尼在灵山会上，拈一枝金婆罗花示众，时大众默然不得要领，唯有迦叶破颜微笑，释迦牟尼曰："吾有正法眼藏，涅槃妙心，实相无相，微妙法门，不立文字，教外别传，付嘱摩诃迦叶。"禅宗传至菩提达摩已有二十八代，菩提达摩来到华夏，后在嵩山五乳峰半山腰一山洞内面壁九年，当有人向他问道时，始为徒众传法，传法时发现徒众易犯昏沉，为解除徒众昏沉，传授了《易筋经》。《易筋经》开始只在宗门内传承，至唐代译经僧般剌密谛译义为汉文后始传入民间。

　　当今使《易筋经》妇孺皆知的功劳要归于金庸先生，在现代人的心目中《易筋经》是神秘高深的，这种认知与现代武侠小说有关。师辈们在传授《达摩易筋经》时，是很庄重的，因其内容至精至简，师辈生怕学者轻视，故不会轻传，若得师传也不能在公众场合习炼，这可能也是使《达摩易筋经》变得神奇的缘故。

　　笔者得师承后一直很慎重，不敢妄传，恐人谤法。炼功是讲究实证的，上世纪七十年代初我和师弟彭化成从湖北到上海拜访年过八旬的师爷谢映斋①老先生，谢老先生请我们一起去沐浴，沐浴完毕，谢老先生要我俩试试他的铁裆功，一试果真名不虚传。谢老先生说，《易筋经》的《下部行功》奥妙无穷，是男人修身的善法。

谢映斋老先生在上海国术界是一位传奇人物，除了享誉海内外的《易筋经》实证功夫外，为人很四海②，也很富有，凡南来北往的名家他都迎送，早年曾创立螳螂拳社，编著有映斋藏版《易筋经》③等。

谢映斋老先生拜佟忠义④老先生、金光禅师等为师。在谢映斋老先生晚年，朱鑫祥老师不离其左右。

国术之道，精于心，简于行，方便实用。多年来吾有缘得明师指点，经多年践行也有了一些心得，心得是由长期践行印证而得，我曾应用《达摩易筋经》之精髓，用于多种慢性病的治疗，如较为严重的先天性脑瘫、帕金森症、肝病等，亦取得令世人瞩目的效果。从1993年开始我将国术与自然医学理论相结合，用于先天性脑瘫患者李某，历时近三年，结果也是令人信服的。

我1998年至2003年所写的《札记》被译成日文、英文，在国际会议上交流，世界卫生组织官员看到后来函称："这是一种新思维。"为能让更多的人习练《达摩易筋经》，吾经师辈们印可，可作传授，才着手整理法本，由于民间各种抄本《易筋经》太多，使人无所适从，经明师指点才选用国术古本"本衙藏版"《达摩易筋经》为底本，结合现代教学的特点编撰新法本，在保留古籍善本原貌的前提下，历经三年，拍摄视频和制作挂图供同仁参学。

吾发愿：将毫无保留地将传承与心得公开，希望更多的人能健康长寿。

著名国术家谢映斋先生藏版《易筋经》

每日习练
体格健全
从不间断
益寿延年

自量体力　全则十二
少习其一　功效亦有
口闭舌抵　或须牙咬
鼻仍呼吸　气必要透

注释

① 谢映斋（1894—1984）：上海上世纪四十年代著名拳师，师承佟仲义、金光禅师等，精通螳螂拳、大枪、《易筋经》《洗髓经》之铁裆功等。

② 四海：早年间的上海方言，意谓为人大方、慷慨。

③ 映斋藏版《易筋经》：是谢映斋老先生所藏之《易筋经》版本，封面与封底有先生手书之要诀。

④ 佟仲义（1879—1963）：中国著名国术家，民国初年创立忠义国术社，开设摔跤、拳术、举重、弓矢、器械等课程，并开办伤科诊所，还应邀在精武体育会、东亚体专等处任教。

三　"易筋十二势"之传承

传承养生法一是实用性，二是完整性，《达摩易筋经》共易筋十二势，有十二字要诀：屈伸呼吸，抻筋拔骨，守中用和。立十二字目标：易筋以坚其体，壮内以助其外。须十二月行功验证。具有上述两个特性。

《达摩易筋经》以炼筋壮骨为入门功夫，易筋十二势均独立，以站桩为基本功，属国术拳操类之柔术。柔术乃走化之术，走化的实质是导引、吐纳、炼气、运气。易筋十二势动功由两大部分组成：拳术结合肢体规范运动和仿生运动。整套动作简洁舒展，符合现代运动医学模式。古代原始的动功都有一个共同点，那就是简洁。如《庄子》中的熊经鸟申只有两个动作，即像熊一样在地上爬行，然后模仿鸟一样展翅飞翔。华佗的五禽戏模仿五种禽兽——虎、鹿、熊、猿、鸟的动作。这些模仿动物形态的功法，属仿生功法。古法八段锦中大多是肢体规范的运动，也穿插"摇头摆尾"的仿生动作，这些动作若能仔细体悟，其设计原理和前后安排顺序都符合现代运动医学的特点。

1. 关于《达摩易筋经》十二势

吾师曰：《达摩易筋经》之要领在"精于心，简于形。动作要古朴，紧扣'拳经'，不求好看，但求有用，跌倒（指病卧于床）想拳经"。吾学《达摩易筋经》始于正月（夏历）初一，是每日寅时，先压腿，次压肩，再站桩，然后再开始炼《达摩易筋经》易筋十二势。

以下皆为吾师承之"十二势"习练精要，详细分解演示见《达摩易筋经》之"心得"部分。

（1）韦驮^①献杵第一势

（"本衙藏板"韦驮献杵共三图二势，其他版本有三图势，细究之，吾之传承将一、二图式合而为一，故只有三图二势。）

拳经^②："定心息气，身体立定，两手如拱，心存静极。"

平步桩，是起势动作，要求身体中正平稳，动中求静。整套动作是佛教中最为常见的"两手合十"，一直炼到火气（心火）全消，动作快慢随呼吸，动作舒展大方，注意"守中"部位的开合。

（2）韦驮献杵第二势

拳经："掌托天门目上观，足尖着地立身端，力周腿胁浑如植，咬紧牙关不放宽。"（此段拳经借用于通行本）

两脚开立，呈马步桩，两手上托，意在"理三焦"，三焦位在胸腹，注意"守中"部位上下"升降"，升吸气，降呼气。常炼此式，可改变上气不接下气的生理现象。

（3）摘星换斗第三势

拳经："单手高举，掌须下覆，目注双掌，吸气不呼，鼻吸调匀，用力收回，左右同之。"

两脚开立，呈马步桩，左右单举之目的，是为了调理脾胃，注意"守中"部位"左右、上下"移动，一动为一吸，停顿为呼，一吸一呼为一息。手腕用力抓紧收回。

（4）出爪亮翅第四势

拳经："掌向上分，足指挂地，两胁用力，并腿立膀，鼻吸调匀，目观天门，牙咬，舌抵上腭，十指用力，腿直，两拳收回，如挟物然。"

呈平步桩，牙咬，舌抵上腭（注意：不同于舌舐上腭，下同），属象形动作，仿鸟。抬头挺胸"守中"，重心前移，两手上举，同时吸气，两手放下曲肘后收，如夹物，同时呼气还原。

（5）倒拽九牛尾第五势

拳经："小腹运气，空松，前跪，后腿伸直，两目观拳，两膀用力。"

呈马步桩转左右弓步，运气发力的动作，在左右转体运动中感受"气与力合"，注意"守中"部位的"内在"变化，发力时吸气，转体时呼气。

（6）九鬼拔马刀第六势

拳经："单膀用力，夹抱颈项，自头收回，鼻吸调匀，两膝立直，左右同之。"

呈平步桩，上身保持正直，两手侧平举，同时转体"转动脊柱"，屈肘勾带嘴角，转动胸椎和颈椎，注意"脊椎"及两侧的变化，此乃真"导引"也。

（7）三盘落地第七势

拳经："目注牙眦，舌抵上腭，睛瞪口裂，两腿分跪，两手用力抓地，反掌托起，如托紫金，两腿收直。"

呈低马步桩，此势炼内壮功，外动第一盘用"推"法，第二盘用"托"法，第三盘用"盈"法。得法后动作可细化为：插、推、托、拉、压、揪、提、盈八法。

（8）青龙探爪第八势

拳经："肩背用力，平掌探出，至地围收，两目注平。"

呈平步桩，属仿生功，从转体上探到下探转体一百八十度起身，一气呵成，动作连贯，手、肩、背、腰的动作，使意气相随。

（9）卧虎扑食第九势

拳经："膀背十指用力，两足蹲开，前跪后直，十指拄地，腰平头仰，胸向前探，鼻息调匀，左右同之。"

虎形桩，仿老虎的动作，十趾和十指拄地，龇牙咧嘴，前探时发出吼声，对虚火上炎有很好的疗效。

（10）打躬势第十势

拳经："两肘用力，夹抱后脑，头前用力探出，牙咬，舌抵上腭，躬身低头至腿，两耳掩紧，鼻息调匀。"

呈平步桩，以炼腰为主，注意"命门"，起身时昂头抬起，腰部用力，同时吸气，下势两小臂夹耳，同时呼气、收腹、提"会阴"。

（11）工尾势（又称掉尾势）第十一势

拳经："膝直膀伸，躬鞠，两手交，推至地，头昂目注，鼻息调匀，徐徐收入，脚根顿地二十一次。"

呈熊形桩，属仿生功法，膝直膀伸似"熊经"，以炼腰为主，头昂目注前方，以炼颈椎，脚跟顿地，作左右微微摆尾状，促使气血上升。

（12）收　势

拳经："左右膀伸七次。"

眼看脚后跟。两臂上下交合时，鼻息调匀，同时注意"守中"。

2. 关于预备势和收势

《达摩易筋经》易筋十二势世人皆知，怎么又多出预备势和收势？这是由于传承的关系。吾师唐金元传《达摩易筋经》有一预备势，此势系门内所传，以热身、松筋、拔骨、吐纳为主，此式名曰：屈伸呼吸。即团身下蹲，同时吐气，观想如在母腹。团身前倾时抻拔"踵"；起身时两手按膝，上身前躬抻拔膝后之"筋"；两手十指交叉，翻掌心向下抻拔"腕骨"；两手上举，同时吸气，重心前移向上"抻拔"；又手抱后脑，抬头挺胸、挺腹、挺小腹、挺腹股沟，突然放松，同时"咳"出声响；两手左右分开，从体侧慢慢放下，与肩平两手"握固"，依次松肩、坠肘、坐腕、舒指。具热身之功效。

此法是吾师所传：屈伸呼吸，抻筋拔骨法。如果受条件所限，影响正常锻炼，可单炼预备势和收势，也可弥补停炼的缺憾，亦有"易筋"之功效。

南怀瑾老师传《易筋经》收势。2002 年 6 月在香港亲近国学大师南怀瑾，南老师说，《易筋经》"掉尾势"不是收势，凡炼功一定要有收势，否则就如只知播种，不懂收获。收势一般都忽略了，很多人不知其重要，如果只炼功，没有收功，功效会大打折扣。注意，第十二式图下有一句，诀曰"左右膀伸七次"，此乃收势。即炼完易筋十二式后，承上式，左右膀伸七次，两手合掌"守中"，此乃形、气、意兼收。切记。后再两手合掌对搓，待手掌热，先用右手拍左手内关七次，外关七次，然后用左手拍右手内关七次，外关七次；两手拍环跳穴七次，拍足三里七次。此法是南怀瑾老师亲传，十分见效，经左右膀伸七次后，再拍打经穴，精神倍增。

以上所述预备势和收势系传承所得，不敢独享，供养大家。

注释

① 韦驮：佛教中的护法天神，一身正气，显将军相。在汉传佛教寺院中，天王殿的弥勒菩萨后，站立一位将军手持降魔杵的就是韦驮，以示维护正法。
② 拳经：指《易筋经》的口诀。

四 《达摩易筋经》之传承印证

——亲近南怀瑾老师的因缘

我的学法因缘殊胜，常常会遇到明师指点，国术传承有亲疏之别，故民间有传功不传法、传法不传理、传理不传诀的做法，还有让人望而却步的门户之见，所学动作有增演变化，因此法、理、诀不完整。

亲近南怀瑾①老师的因缘是 1995 年至 1997 年我在上海闭关②阅藏，三年下来做了近 40 万字的《佛教医方明》笔记，请朋友交南怀瑾老师审阅，南老师叫两位善知识（一位是比丘尼，一位是学者）看过后，听了他们的看法，然后叫我去面谈。2000 年 6 月笔者有缘亲近南怀瑾老师。南老师问：学过什么功夫？答：杂学百家，久练易筋经。南老师要我演示一遍，即在厅堂比划一番。南老师问：完了？答：易筋十二势都做了。南老师说："《易筋经》有几种版本，最好是依'本衙藏板'，第十二势'收势'很重要，口诀最后一句是收势，收势后要循经拍打内关、外关、环跳等。这是有传承的才知道。现在告诉你。"我当下谢师传法，生欢喜心，发愿传授《达摩易筋经》，利益大众。

达摩禅师所传禅法不尚文字，口传心授，怎么又有了口诀？南怀瑾老师说："《易筋经》之口诀，分为显密两个部分，如易筋十二势图谱下的文句，既是要领又是口诀，要细心领会。如韦驮献杵第一势，诀曰：定心息气，身体立定，两手如拱，心存静极。这十六字诀，包含了调心、调息和调身。

第二部分是有传的，偈③曰：

> 单明身中动静功，道包天地遍虚空。
>
> 穿骨透髓无不到，应现八方妙无穷。
>
> 周流四大为真主，内无形相外无踪。
>
> 常与三家来相会，内外一体现金容。

偈语的最后一句"内外一体现金容"我亲眼所见，南怀瑾老师就是现金

南怀瑾与作者合影

容，修行来不得半点虚假，真修和假修是可以印证的。

没有想到闭关三年竟获如此殊胜因缘，又得法又受到教诲。《佛教医方明集要》的书名也是南怀瑾老师题的，南老师说，这样和内容比较贴切，原来所提《佛教医方明》书名太大了。

我要求和南怀瑾老师合影，南老师慈悲应允。

南怀瑾老师很慈悲，知道我经常遇到一些疑难杂症患者，就又教我一些治病的手法，还送了一瓶他自制的药"太乙续命散"。

亲近南怀瑾老师的另一大收获是破了执著。要开饭了，南老师笑着说，我这里是"人民公社"，一桌素菜，一桌随意。我报名和南老师坐在一起……

注释

① 南怀瑾：中国著名国学大师、学者。以其深厚的学术功底、传奇性的证悟经历和通达的智慧，享誉海内外。南老上世纪四十年代在峨眉山曾向一苦行头陀习《易筋经》，并得其抄本，五十年代在自由出版社出版，并作序言叙述得《易筋经》之因缘。

② 闭关：佛教名相，断诸俗缘，闭门修养道业。

③ 偈：佛教名相，偈他的简称，汉译为颂，通常以四句为一偈。偈语，亦作法语。

附　录

1. 和而不同

中华文明，源远流长。古之智者、先哲为后世留下了许多宝贵的经验与方法。我们仔细探寻、研究会发现，这些方法都具有"至精至简"的共性。

《淮南子·精神训》中有载："若吹呴呼吸，吐故纳新，熊径鸟伸，凫浴猿跃、鸱视虎顾，是养形之人也。"

"熊径鸟伸"： 式熊长寿，仿鸟轻身。即按照熊的姿态缓慢爬行，可得长寿；模仿鸟儿飞翔之姿，可使身体轻灵。

"凫浴猿跃"： 鸭游戏水，猿猴灵动。模仿野鸭戏水的自然安详，猿猴腾跃的灵巧机敏。两相参照，即所谓： 一静一动，文武之道。

"鸱视虎顾"： 鹰视虎顾，凝精炼神。即模仿雄鹰与猛虎的眼神，收心静息，凝精聚神。

以上种种古代导引养生法，皆系模仿动物的形态进行锻炼，阐述之功理，仅用了四个字加以概括，十分精准。若以现代科学归纳则可称之为"仿生"功法，模仿五禽或龟、鹤等，加以导引，导气令和，引体令柔。气和体柔是养生的根本。

炼功究其根本在于调息，调息一法贯穿三教（佛、道、儒）。三教之中又以佛教的阐述最为清楚。经云："人命在呼吸间。一气不来，即为命终。"而调息法门最为丰富的当数道家，《庄子·刻意》[①]曰："吹呴呼吸，吐故纳新。"是最简便有效的吐纳法，现仍有众多吐纳术留传于世。而儒家就更直白，孔子曰："不知生，焉知死。"三教对调息的阐述虽有不同，但都依循"返璞归真"之真谛。正所谓"法无定法"，虽同出一源，各家各派形式上却各有精专，此可谓：和而不同。

自古以来，各种功法都以不同的形式流传于世，除了言传身教、口口相授外，还以文字、图形、符号等形式保留并流传。中国文化的精髓是讲传承的。中华五千年之文明，历朝历代，有因缘得明师[②]言传身教并授以法本者甚少，而由于种种因缘产生的各种手抄本在民间流传甚广，后世多以手抄本及民间版本与之互相印证。

《易筋经》影响大且具传承，官府征求善本校勘，雕版刊印，作为"本衙藏板"刊行于世，以表其重要。

由于历史的缘故，海内外民间流传的《易筋经》流派和版本甚多，民间手抄本其图文比较简单，且留有那个时代的痕迹，也有冠以《易筋经》或《洗髓经》而无具体内容的。

较为完整的版本（含增演版）有六种，前五种属"通行本"，存世量较大，后一种"本衙藏板"属官署刻本，存世量较少，下面作一简要介绍。

(1)《少林内功秘传》中所载《二十四势易筋经》，系（清）蒋觐园得自少林僧，前十二势为动功，后十二势为静功。

(2)《中外卫生要旨》中记载的《二十二势全图易筋经》，由（清）郑宫应撰，三套共二十二势，第一套十二势，第二套和第三套均为五势，清宣统年梁士贤作序的版本流传较广。

(3)《增演易筋洗髓内功图说》中记载的功法原有六卷，后增演而成十八卷。由（清）周述官撰，有重庆印刷公司石印本行世。

(4)《易筋经义》，署：明天启四年，天台紫凝道人跋，西天初祖达摩大师著。

(5)《内功图说》（又名《卫生要术》）本，潘霨编辑，清光绪木刻本。

(6)"本衙藏板"《达摩易筋经》，共分上下卷，署西竺达摩祖师著，西竺圣僧般剌密谛译义。

目前国内外主要流行的有以下版本：

(1) 中国体育总局推出的健身气功《易筋经》；

(2) 王长青编著的《少林易筋经》；

(3) 严蔚冰依据传承整理演练之国术古本"本衙藏板"《达摩易筋经》；

(4) 李鸿江校译的《白话少林易筋经》；

(5) 民间流传的其他手抄本《易筋经》(增演本)。

流传于民间的各种增演本，虽有繁、简之别，但其精髓仍在，可谓"和而不同"。

"法"无有高下，学炼之人却有差别，由此传承的重要性就不言而喻了。

2. 古本《易筋经》之比较

中国古代养生法传承至今较为完整的经典当首推《易筋经》，《易筋经》除了有"易筋十二势"动功外，还有完整的功法理论体系和辅助、印证方法。《易筋经》流传甚广，经过千百年的传承，无数代人的验证，无论在养生保健方面还是强身壮体方面，功效都是显著的，因此，被后世尊为"禅功之源"。

现存于世的《易筋经》版本基本上分为两条脉络：一是完整保存了古本原貌，以养生保健为主的"本衙藏板"《易筋经》；另一条即是后人在传承、抄录过程中加以增演变化的"通行本"《易筋经》(含《易筋经》增演版)，通常"增演版"更注重于强身壮体。

"本衙藏板"，即古代官方刊印之版本，凡古代官方刊印的版本在封页内都有文字注明，作为官署版本流通。官署版本对底本的选择和编辑相对严谨。如作者姓名、译者姓名、附录者姓名、序言、正文、附录等，均清晰明了，文献价值高。

"通行本"即古代民间书坊刊印流通的版本，其特点是具有时代特征，流通量大，附录与正文混淆等。本文中"通行本"《易筋经》选用清代潘霨编撰《内功图说》中的"易筋经十二势"。

由于年代久远，后世的文献多已将"本衙藏板"和"通行本"混为一谈。现将古代官方典藏之"本衙藏板"《易筋经》和民间流传较广的"通行本"《易筋经》就图谱、要诀加以比较，以便了解这套古代养生法的传承和演变。

本文所选《易筋经》两个版本的"易筋十二图势"，全系由原版《易筋经》上扫描得来，从两个《易筋经》版本的图谱看均为中国画线描，"本衙藏板"《易筋经》图谱中炼功者头上有发髻，穿鞋，扎绑带、腰带，上身赤裸。

"通行本"《易筋经》则不留须发，赤足，扎腰带，上身赤裸。

对照比较的两种古代《易筋经》版本均为古籍善本，刊印精美，文献价值较高，可互为印证。"易筋经十二势"全部影印原版图谱，要诀重新打印，但文字内容不作取舍。

注释

① 《庄子·刻意》：道家经典《庄子》最早提出"导引"一词，《外篇·刻意》曰："吹呴呼吸，吐故纳新，熊经鸟申，为寿而已矣。此导引之士，养形之人，彭祖寿考者之所好也。"

② 明师：明师不一定是"名师"。明师即明白事理的老师，是用智慧来学习和研究世间的法门。

本衙藏板

韦驮献杵第一势

定心息气，身体立定，
两手如拱，心存静极。

通行本

韦驮献杵第一势

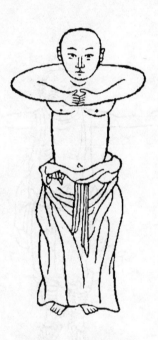

立身期正直，环拱手当胸。
气定神皆敛，心澄貌亦恭。

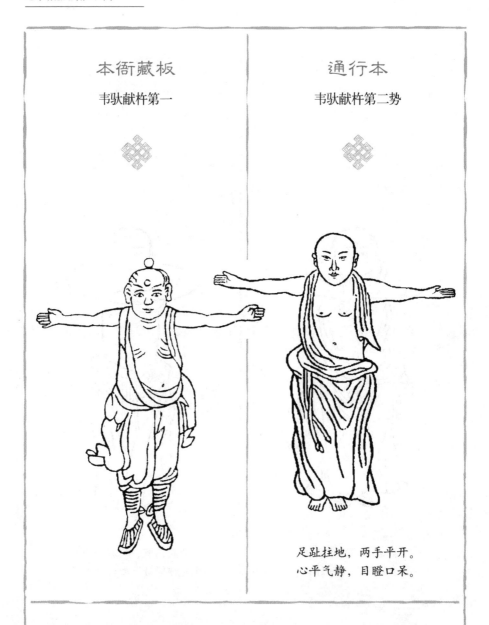

本衙藏板

韦驮献杵第一

通行本

韦驮献杵第二势

足趾拄地，两手平开。
心平气静，目瞪口呆。

比较：

"本衙藏板"《易筋经》第一势"韦驮献杵"有两图，要诀十六字，简单明了地讲解了调身、调息、调心的要领。

通行本《易筋经》将此二图误作为二势，即"韦驮献杵第一势"和"韦驮献杵第二势"，由此后世多以为"韦驮献杵"有三势。

本衙藏板

韦驮献杵第二势

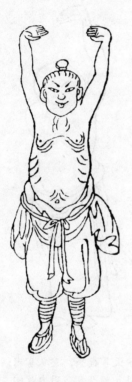

通行本

韦驮献杵第三势

掌托天门目上视，足尖着地立身端。
力周腿胁浑如植，咬紧牙关不放宽。
舌可生津将腭抵，鼻能调息觉心安。
两拳缓缓收回处，用力还将挟重看。

99

本衙藏板	通行本
摘星换斗势	摘星换斗势

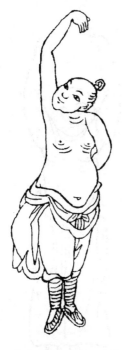

单手高举，掌须下覆，
目注两掌，吸气不呼，
鼻息调匀，用力收回。
左右同之。

只手擎天掌覆头，更从掌内注双眸。
鼻端吸气频调息，用力收回左右腿。

比较：

"本衙藏板"《易筋经》要诀说明"左右同之"，意谓由左势与右势组成，左势与右势要诀相同，唯动作相反。

通行本《易筋经》要诀内容与"本衙藏板"相似，但未明确提及由左右二势组成。

本衙藏板	通行本
出爪亮翅势	倒拽九牛尾势

掌向上分，足指拄地，两胁用力，并脚立膀，鼻息调匀，目观天门，牙咬，舌抵上腭，十指用力，腿直，两拳收回，如挟物然。

两腿后伸前屈，小腹运气空松。用力在于两膀，观拳须注双瞳。

比较：

此处"本衙藏板"《易筋经》为"出爪亮翅势"，"通行本"《易筋经》则为"倒拽九牛尾势"，由于观前势都是"取引体向上导引势"，故依顺序此处应为"出爪亮翅势"比较合法。另参照比对其他版本，发现太虚法师藏版《易筋经》亦是"倒拽九牛尾势"在后。

通行本《易筋经》"出爪亮翅势"和"倒拽九牛尾势"的顺序有颠倒。后世亦都以此顺序传承。

"本衙藏板"《易筋经》要诀四十四字，动作要诀讲解较为详尽。"出爪亮翅势"为"鸟伸"，形似简实为复杂。

本衙藏板

倒拽九牛尾势

通行本

出爪亮翅势

小腹运气空松，前跪，
后腿伸直，二目观拳，
两膀用力。

挺身兼怒目，推手向当前。
用力收回处，功须七次全。

比较：

通行本《易筋经》要诀讲解简要。值得注意的是在此出现每组七次的提示。

本衙藏板	通行本
九鬼拔马刀势	九鬼扳马刀势

单膀用力，夹抱颈项，
自头收回，鼻息调匀，
两膝立直，左右同之。

侧首湾肱，抱顶及颈。
自头收回，弗嫌力猛。
左右相轮，身直气静。

比较：

"本衙藏板"《易筋经》要诀动作、调息讲解明确。左势与右势要诀相同。

通行本《易筋经》要诀内容与"本衙藏板"相似。

本衙藏板

三盘落地势

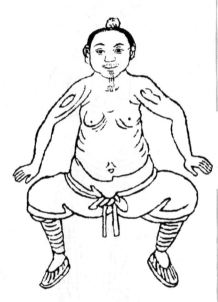

目注牙吡，舌抵上腭，
睛瞪口裂，两腿分跪，
两手用力抓地，反掌托起，
如托紫金，两腿收直。

通行本

三盘落地势

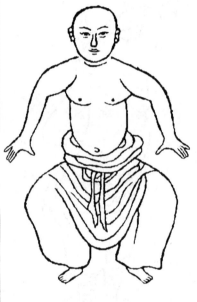

上腭坚撑舌，张眸意注牙。
足开蹲似踞，手按猛如挐。
两掌翻齐起，千斛重有加。
瞪眼兼闭口，起立足无斜。

比较：

"本衙藏板"《易筋经》要诀三十四字。动作要领讲解详尽。

通行本《易筋经》要诀四十字，其内容与"本衙藏板"相似。

本衙藏板	通行本
青龙探爪势	青龙探爪势

肩背用力，平掌探出，
至地围收，两目注平。

青龙探爪，左从右出。
修士效之，掌平气实。
力周肩背，围收过膝。
两目注平，息调心谧。

比较：

"本衙藏板"《易筋经》要诀十六字。动作要领明确。

通行本《易筋经》要诀三十二字，其内容与"本衙藏板"相似。

本衙藏板	通行本
卧虎扑食势	卧虎扑食势

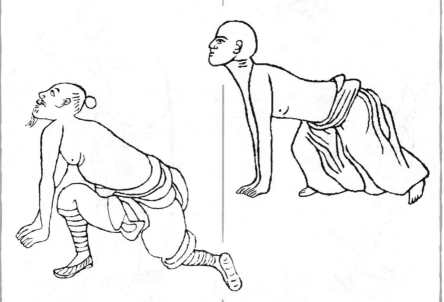

膀背十指用力，两足蹲开，
前跪后直，十指拄地，
腰平头仰，胸向前探，
鼻息调匀，左右同之。

两足分蹲身似倾，屈伸左右腿相更。
昂头胸作探前势，偃背腰还似砥平。
鼻吸调元均出入，指尖着地赖支撑。
降龙伏虎神仙事，学得真形也卫生。

比较：

　　"本衙藏板"《易筋经》要诀三十四字。动作要领讲解详尽。明确表示由左势与右势组成，左势与右势要诀相同，唯动作相反。

　　通行本《易筋经》要诀五十六字。动作要领讲解详尽，后两句是言功效。

本衙藏板	通行本
打躬势	打躬势

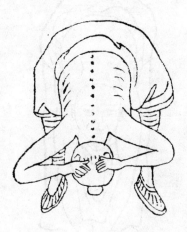
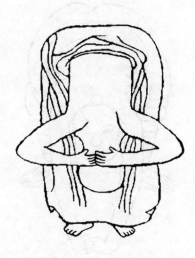

两肘用力，夹抱后脑，
头前用力探出，牙咬，
舌抵上腭，躬身低头至腿，
两耳掩紧，鼻息调匀。

两手齐持脑，垂腰至膝间。
头惟探胯下，口更啮牙关。
掩耳聪教塞，调元气自闲。
舌尖还抵腭，力在肘双弯。

比较：

"本衙藏板"《易筋经》要诀三十四字。明确讲解动作要领和调息法。

通行本《易筋经》要诀四十字。动作要领讲解详尽。

"本衙藏板"《易筋经》中述"两肘用力，夹抱后脑，两耳掩紧"，即两臂夹抱，由"内关"掩紧两耳。

通行本《易筋经》中述"两手齐持脑，掩耳聪教塞"。即两手夹抱头，以掌根覆耳。

本衙藏板	通行本
工尾势	掉尾势

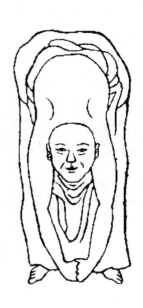

膝直膀伸，躬鞠，两手交，
推至地，头昂目注，
鼻息调匀，徐徐收入，
脚根顿地，二十一次。

膝直膀伸，推手至地。
瞪目昂头，凝神壹志。
起而顿足，二十一次。

比较：

"本衙藏板"《易筋经》要诀三十二字。明确动作、呼吸要领。第九句明确需二十一次。

通行本《易筋经》要诀前二十字，讲明动作意念要领。其后亦明确需二十一次。

本衙藏板	通行本
收 势	
左右膀伸七次。 盘膝静坐，口心相注， 闭目调息，定静后起。	左右伸肱，以七为志。 更作坐功，盘膝垂眦。 口注于心，息调于鼻。 定静乃起，厥功维备。

比较：

"本衙藏板"《易筋经》中"左右膀伸七次"为收势。其后十六字为静坐要诀。
通行本《易筋经》要诀八字，亦明确七次。后面的二十字是静坐要诀。

本衙藏板	通行本
	总考其法，图成十二。 谁实贻诸，五代之季。 达摩西来，传少林寺。 有宋岳侯，更为鉴识。 却病延年，功无与类。

比较：

"本衙藏板"《易筋经》作为官署刊印流通版本。对底本的选择是相对严谨的。诸如作者姓名、译者姓名、附录者姓名、序言、正文、附录等均清晰明了。关于《易筋经》的缘起亦有专门陈述。

通行本《易筋经》作为民间书坊刊印流通的版本，其常有附录与正文混淆的情况，此处"总考其法"等四十字即是通行本《易筋经》对功法之缘起的补充说明。

小　结

（1）清人潘霨①在编撰《易筋经》时，将"韦陀献杵第一势"第二图误作"韦陀献杵第二势"，故以后的通行本《易筋经》中"韦陀献杵"均有三势。

（2）通行本《易筋经》"出爪亮翅势"和"倒拽九牛尾势"的顺序有颠倒。观前势都"取引体向上导引势"，故依"本衙藏板""出爪亮翅势"在前比较合法。

（3）在通行本《易筋经》"出爪亮翅势"要诀中出现"每组需七次"的提示；"本衙藏板"《易筋经》和通行本《易筋经》中"掉尾势"需二十一次；收势"左右膀伸七次"，皆明确注明要求每组以七或七的倍数为宜。

（4）在通行本《易筋经》要诀中出现了四言诀、五言诀、六言诀、七言诀等，通篇没有从整体上推敲用功，略显粗糙。

（5）通行本《易筋经》"青龙探爪势"要诀第三句"修士效之"疑为使格式对仗而补加。

（6）通行本《易筋经》在"掉尾势"要诀末有"总考其法"等四十字述《易筋经》功法之缘起。（其中"五代之季"可能有误，达摩西来应在南北朝时。）而本衙藏板《易筋经》封页有"宋少保岳鹏举鉴定"字样，其序中对此机缘有详细表述。

（7）《易筋经》的流传年代久远，民间各种版本较多，从动作演变及所传要诀来看仍是一脉相承。其功效定位乃"却病延年"的养生功法，其余内容应为后人附录。

注释

①潘霨：吴县人（在今江苏省），光绪十年至十五年任贵州巡抚。辑《内功图说》，又名《卫生要术》，有木刻本行世。

《达摩易筋经》
传承与心得

《达摩易筋经》之心得

一 严蔚冰演炼易筋十二势

1. 预备势

❶ 两脚并拢，屈膝下蹲，两臂挟抱下肢，低头呈团状；人体重心前后左右移动，同时呼气。

❷ 两手按膝盖，挺直下肢。

❸ 两手十指交叉，翻掌心向下，在体前上举，至头顶，同时吸气。

❹ 放松，叉手抱后脑，抬头、挺胸、挺腹、挺小腹、挺腹鼓沟，同时吸气。

师承要诀
屈伸呼吸，
吐故纳新，
伸筋拔骨。

❺～❼ 两手松开，从体侧下落。掌心向下，与肩平。

两手握拳，继续下落，依次放松肩、肘、腕、手指。两臂垂于体侧。

重复七次为一组，做一组。

115

2. 韦驮献杵第一势

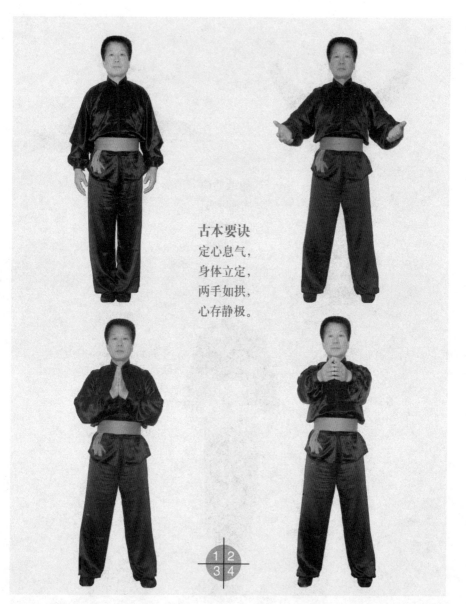

古本要诀
定心息气,
身体立定,
两手如拱,
心存静极。

❶ 两脚平行与肩同宽,两臂自然下垂,自上而下放松、咬牙、舌抵上腭,双
目平视。

❷❸ 转掌心向前,两掌心向前上方慢慢捧起,两手捧至肩平,合掌收于胸前。

❹ 合掌慢慢向前伸出。

❺❻ 两手慢慢左右打开与肩平。

❼～❾ 两手转掌心向下握拳，两手臂慢慢依次下落，依次放松肩、肘、腕，
　　两拳松开，呈还原状。

重复七次为一组，做两组。

3. 韦驮献杵第二势

❶ 两脚开立，略宽于肩，屈膝，呈马步，两臂自然下垂，自上而下放松，咬
牙，舌抵上腭，双目平视。

❷❸ 两掌心向前上方慢慢捧起，至胸前。

❹❺ 两手翻掌心向上，慢慢向上托起，两膝微屈，两眼上视，掌心向上。托
至极限。

❻ 两手左右分开。

⑦～⑨ 承上势两手分开至与肩平，两手握拳，慢慢下落（同时依次放松肩、
　　　肘、腕）至体侧，两拳松开，呈还原状。
　　重复七次为一组，做两组。

4. 摘星换斗势

（右势、左势）

❶❷ 承上势，身形不变，两手掌心向上捧至腹部。

左右两手上下撑开，右手掌心向下，两眼看右手心（图3，4）。

❸ 两手捧至胸前翻掌掌心向下，右手在上，左手在下。

❹ 左右两手上下撑开，右手上顶、掌心向下，两眼看右手心。

❺❻ 同时左手掌背贴腰椎向下探至尾椎，掌心向下。

7 8

❼❽ 右手翻掌心向上，向外旋转呈摘星状，同时左手亦外旋握拳。

❾❿ 两手握拳上拉下提至胸前，交叉换手。

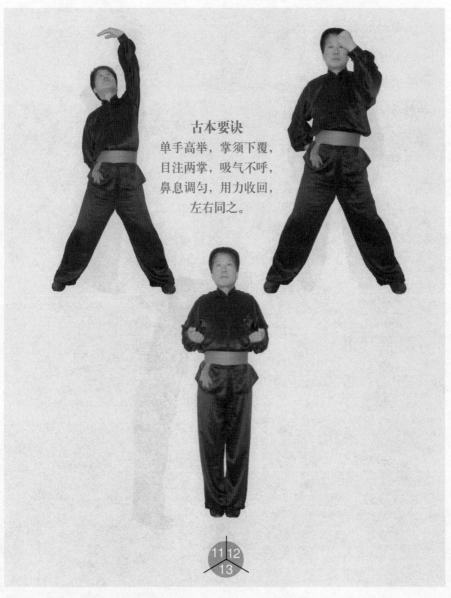

古本要诀
单手高举，掌须下覆，
目注两掌，吸气不呼，
鼻息调匀，用力收回，
左右同之。

⑪⑫ 左势同右势，唯动作相反。

右势与左势合为一次，重复七次为一组，做两组。

⑬ 两组已毕，两手握拳收于肋间，然后两手依次放松肩、肘、腕、手指，同时下垂，呈还原式。

5. 出爪亮翅势

❶ 两脚并拢,自上而下放松,双目平视,咬牙、舌抵上腭,两臂自然下垂。

❷ 两手握拳,置于两肋,肘关节向后上方,抬头、挺胸、收腹,人体重心移至足掌,脚跟离地。

❸ 脚跟抬起,同时两手呈爪状,向正前上方探出,两眼上视。

④⑤ 两臂左右分开，亮翅与肩平，同时重心移至整个脚掌，两手握拳。

古本要诀

掌向上分，足指拄地，两
胁用力，并脚立膀，鼻息
调匀，目观天门，牙咬、
舌抵上腭，十指用力，腿
直，两拳收回，如挟物然。

❻～❽ 两臂从体侧慢慢收于两肋，依次放松肩、肘，两臂垂直时松腕。
重复七次为一组，做两组。

6. 倒拽九牛尾势

（右势、左势）

① 承上势，右脚向右跨一大步，两脚开立，下蹲，呈马步，两手握拳，置于腰间。

② 两掌心向对，在小腹部呈拧物状，右手在下，掌心向上，左手在上，掌心向下。

❸❹ 同时身体右转成弓步，两手握拳左右分开，右膝前顶，后腿挺直，右手
　　攒拳成倒拽牛尾状。

古本要诀

小腹运气空松，前跪，后腿伸直，二目观拳，两膀用力。

❺～❼ 转体 90 度还原。左势与右势相同，唯方向相反。

右势与左势合为一次，重复七次为一组，做两组。

❽ 两组已毕，还原呈马步，然后依次放松肩、肘、腕、手指，两臂自然下垂。

7. 九鬼拔马刀势

（右势、左势）

❶❷ 两脚并拢，自上而下放松，咬牙、舌抵上腭，双目平视，两臂从体侧慢慢抬起，掌心向上。

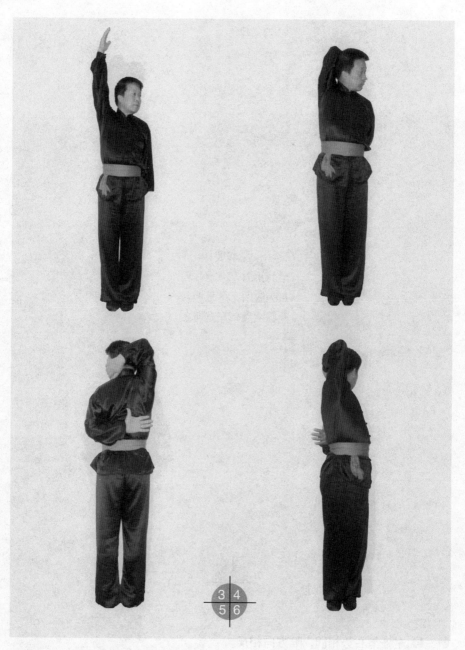

❸～❻ 右手臂靠后脑，右手无名指勾嘴角，左掌背贴后心，大拇指向上，同
时向左转 180 度。

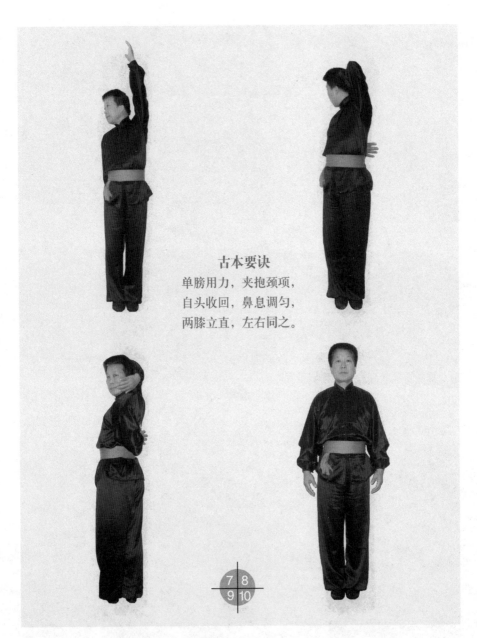

古本要诀

单膀用力，夹抱颈项，
自头收回，鼻息调匀，
两膝立直，左右同之。

❼～❾ 左势与右势相同，唯方向相反。

右势与左势合为一次，重复七次为一组，做两组。

❿ 两组已毕，还原为松静站立。

8. 三盘落地势

❶❷ 承上势，右脚向右跨一大步，两腿开立，自上而下放松，咬牙、舌抵上腭，双目平视，屈膝下蹲成马步，两手握拳提至肋间，两拳变掌向下插，两掌心向前慢慢推出，两掌根用力。

❸～❻ 两手掌心向上慢慢托起与肩平；两手向内收于腋下，虎口相对转掌心
　　　向下；两掌下按至腰。

古本要诀

目注牙呲，舌抵上腭，睛瞪口裂，两腿分跪，两手用力抓地，反掌托起，如托紫金，两腿收直。

❼～❾ 转掌按抓呈握拳状，两拳提至肋间；起立时依次放松肩、肘、腕、拳，呈还原状。

重复七次为一组，做两组。

9. 青龙探爪势

(右势、左势)

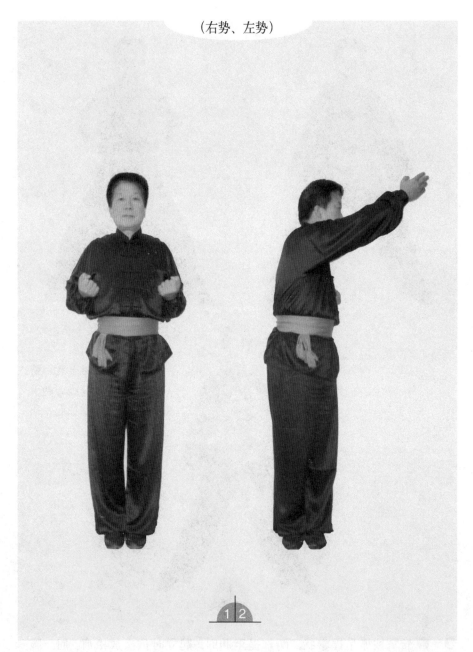

❶ 两脚并拢，自上而下放松，咬牙、舌抵上腭，双目平视，两手握拳置于肋间。

❷ 右手呈爪状向左上方探出。

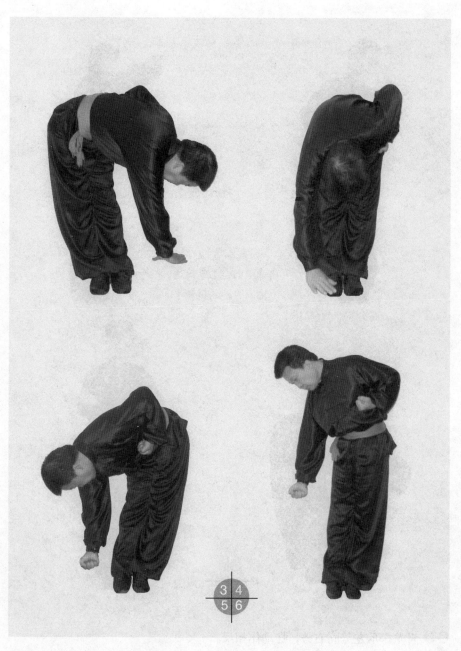

❸ 右手从上垂直下落至于踝外；　❹ 掌心向下，身体从左向右转 180 度；

❺ 右手由掌变拳（呈拔草状）；　❻❼ 右拳从右侧上提至肋间。

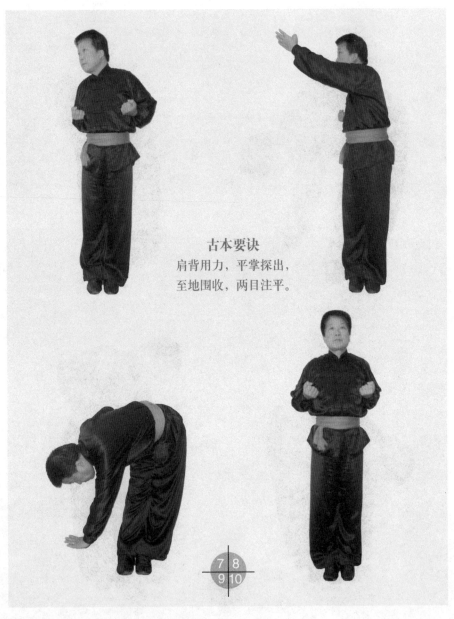

古本要诀

肩背用力，平掌探出，

至地围收，两目注平。

❽❾ 青龙探爪左势同右势，唯动作相反。

右势与左势合为一次，重复七次为一组，做两组。

❿ 两组已毕，呈还原式。

10. 卧虎扑食势

（右势、左势）

❶ 两脚并拢，自上而下放松，咬牙、舌抵上腭，双目平视。

❷❸ 右脚向正前方跨出一大步，两手呈虎爪状，向前扑出。两手十指挂地，重心前移至手指和脚趾。抬头怒目张口，呈卧虎扑食状，重心前后移动十四次。

❹～❻ 起身，两手由爪变拳，下收至肋间。

古本要诀

膀背十指用力，两足蹲开，前跪后直，十指拄地，腰平头仰，胸向前探，鼻息调匀，左右同之。

❼～❿ 左卧虎扑食势同右势，右脚向后退一步，呈左卧虎扑食势。重心前后移动十四次，起身同右势。

11. 打躬势

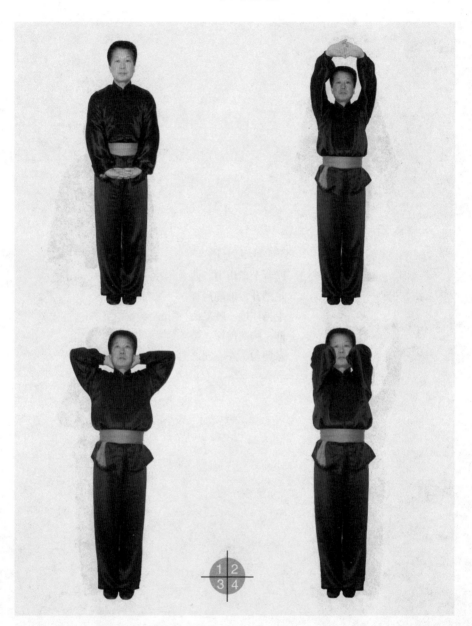

❶ 承上势，自上而下放松，咬牙、舌抵上腭，双目平视。两手在小腹前十指交叉，向下按，百会向上顶。

❷～❹ 两臂上抬于胸前翻掌，上举至头顶抱住后脑。

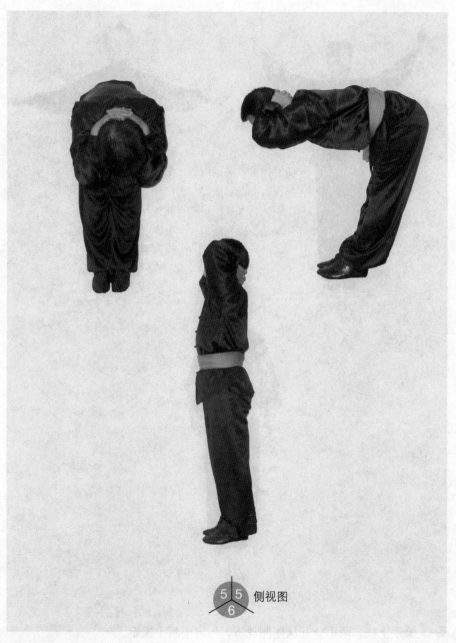

⑤⑤⑥ 侧视图

⑤ 躬身下探，两小臂掩耳。

⑥ 起身时头前探，背腰平直，抬头挺胸。

古本要诀
两肘用力，夹抱后脑，头前用力探出，牙咬、舌抵上腭，躬身低头至腿，两耳掩紧，鼻息调匀。

❼❽ 叉手上托，两手分开从体侧放下，与肩平两手握拳。

❾ 两臂下垂时依次放松肩、肘、腕，松开两拳后呈还原式。

重复七次为一组，做两组。

12. 工尾势

（又称掉尾势）

1 2

❶ 两脚开立，与肩同宽，自上而下放松，咬牙、舌抵上腭，双目平视，两手在小腹前十指交叉，头抬至极限。

❷ 两臂抬起翻掌心向上，上举至头顶。

❸ 两膝挺直，屈躬弯腰。

❹ 两手叉掌挂地，重心前移至脚掌，同时抬头。

❺ 两脚跟顿地，微摆尾椎。重复二十一次。

古本要诀

膝直膀伸，躬鞠，
两手交推至地，头
昂目注,鼻息调匀,
徐徐收入，脚根顿
地二十一次。

⑥～⑨ 起身后两手在头顶分开，从体侧下降与肩平握拳，继续下落，依次放
　　松肩、肘、腕，垂于体侧时松开两拳。

13. 收势

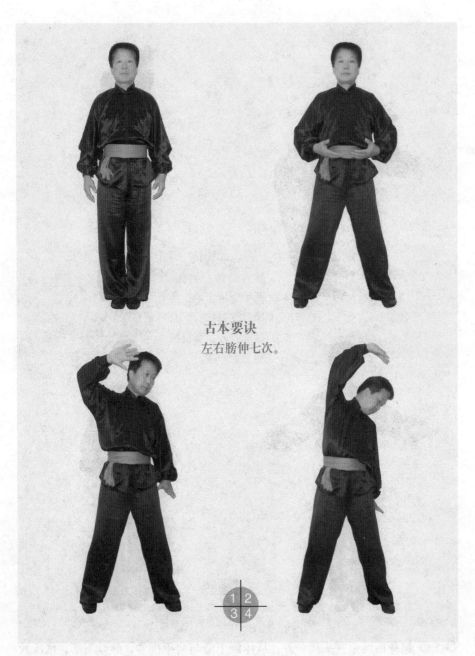

古本要诀
左右膀伸七次。

❶～❹ 承上势，两手在胸前左右分开，翻掌；左手掌心向下，右手掌心向上，伸膀，眼看脚后跟方向。

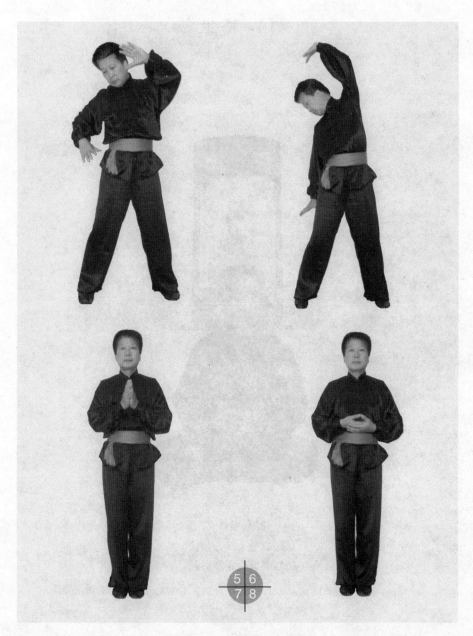

⑤～⑧ 左右交替伸膀十四次后，两手在胸前合掌。两掌重叠，松静站立三至
　　五分钟。
　　合掌搓手，依次拍打内关、外关、环跳、足三里、三阴交，各七次。

14. 静坐

古本要诀
盘膝静坐，口心相注，
闭目调息，定静后起。

如果在室内炼《易筋经》，又有充足的时间，可接下来静坐。

二 行功禁忌

炼《达摩易筋经》"易筋十二势"时，必须系上腰带，系腰带有利于发力运气，系腰带腹部也不会鼓胀、松弛、下垂，腰部也不会生赘肉，能使清气上升，浊气下降。再炼静坐时，宽衣解带，才有"带"可解，解带后人体"带脉"气机运行才能感受。切记！

夏历"白露"后在室外炼功不可以赤膊。

成年男子炼《达摩易筋经》"易筋十二势"，百日之内，房事不宜太频，在百日内忌酒。

成年女子凡遇例假，只炼《达摩易筋经》"易筋十二势"之一、二、三、四势和收势。

三　呼吸与次数

《达摩易筋经》"易筋十二势"的呼吸法，前面讲得比较具体，由于功法传承源于国术，拳操亦属柔术，动作规范，针对性强，屈伸呼吸要配合，如果初学时就自然呼吸，而不调息，以后很难长进。因此，呼吸吐纳法要配合动作，才能起到行走化之实的效果，古代养生书上调息术语也较多，还是经过炼习体会来得直接，通过刚柔相济的导引动作，再配合适当的呼吸，使筋骨产生变化，这就是能使身体"致柔"的生理作用。

"易筋十二势"呼吸，初习者宜口鼻同时用，单用鼻息，通气量不够大，可能会憋气，口鼻同用，要咬牙、舌抵上腭，以免咽喉干燥。谢映斋老先生传诀曰："口闭舌抵，或须牙咬，鼻乃呼吸，气必要透。"

因此呼吸时出声与否，需依据动作性质而定，如卧虎扑食，要怒目出声吼。

若要深入研究呼吸吐纳技法，《达摩易筋经》"易筋十二势"归纳起来，凡屈呼伸吸、开吸合呼、升吸降呼、俯呼仰吸、收吸放呼、起吸落呼，但都要有一个中心，这个中心有其具体的生理位置，这个位置即"守中"处。提气，由此而上；沉气，由此而下。开合、升降皆和合于此，谓守中也。

《达摩易筋经》"易筋十二势"的三要素"导引、养气、守中"，旨在"易筋以坚其体，壮内以助其外。

每式重复的动作，除了"工尾势"二十一次、"收势"七次外，没有规定，有做六次，也有七次、八次、九次、十次的。吾师传凡重复动作都做七次，佛教医方明认为"七"是一个变量（中医学也是这样认为）。因此民间认为七是变数，有转机呈现之意。

《达摩易筋经》曰："数日渐加，增至百数为止，日行三次，百二十日功成，气力能凝且坚，则可日行一次，务至意念不与乃成。"

待炼到一定程度，可以七的倍数向上增加。师辈们的一次行功可达一个时辰之久。若行时不计数，则容易散乱，而调息乃摄心之法门。

四　禅定与静坐

说到禅定①人们马上会联想到达摩禅师在嵩山面壁九年。禅定有四禅八定，即初禅，未知定、根本定；二禅，近分定、根本定；三禅，近分定、根本定；四禅，近分定、根本定。

静坐是禅定的基础，心静则明，"易筋十二势"后，诀要曰："盘膝静坐，口心相注，闭目调息，定静后起。"此乃静坐要领，是在收势之后。习炼静坐之要诀，是为修习《洗髓经》打基础。这一段文字非常重要，丁福保②居士说："静坐确有口诀，若获其诀，即有事半功倍之益。"

禅门倡导静悟，重视解脱（去除妄念，消除烦恼），通过动功除昏沉，静坐以养神，神气足则性静心空，是为禅定打基础。经洗髓习静始入初禅境界。

静坐法亦是为以后习禅定打基础的，若要进一步研究静坐法，请参阅（明）袁了凡著《静坐要诀》③、《摄生三要》。这两本书中所载的是修行的基础，是古人实修之经验，近代的则丁福保《静坐法精义》较易上手。

1. 静坐法（跌跏坐）

《达摩易筋经》曰："此功自释门，以禅定为主，将欲行持，先须闭目，冥心握固。"

握固法

冥心握固坐

炼《达摩易筋经》"易筋十二势"后，可静坐三十分钟至六十分钟，静坐最好在室内，固定使用一个坐垫，坐垫厚约五厘米，可结跏趺坐。

十指着座图

（1）宽衣解带，上坐，先收左脚，用左脚跟抵住会阴部，右腿结跏趺坐（俗称单盘），无论单、双盘，务使足心朝上，两手握固，拳心朝上，置于肋旁（名曰"五心朝上"两足心、两手心和舌尖向上），上身保持正直，身体微向前倾，推出尾闾，打坐若压住尾闾会犯昏沉。

（2）咬牙，舌抵上腭。先咬牙然后放松，同时舌抵（注意不是"舐"）上腭；眼帘下垂（眼留一线光，勿紧闭），下视鼻端；开始数出入息（一呼一吸为一息），采用鼻吸鼻呼，鼻息调匀，行呼吸之功时，耳不闻身外音，专注听息。

（3）静坐时若犯昏沉，用两手成爪状，十指挂地，此法可使清气上升，浊气下降，对治昏沉（见上图）。

（4）静坐完毕，合掌对搓至手掌发热，用手掌熨目（轻贴眼眶），然后慢慢睁开眼睛，用手将腿搬下，伸直两腿，脚趾内勾，待脚不麻后下座。

2. 静坐注意事项

关于推出尾闾，此举非常重要，传统养生学认为，人在母腹时，肚脐吸收，卤门呼出。人出生后，口鼻吸收，污浊由大、小便和尾闾排出。故坐要有坐相，不可压住尾闾。

静坐时，静室内不要有动物（宠物之类），动物会干扰静坐，严重时甚至会因此受惊。

静室内光线要柔和，要避风，禁用冷气，在空旷的殿堂静坐，要防风，不可迎风而坐，冬月要备一件披风静坐时用。古德云：防风如防箭。如静极时受惊（雷电、爆竹、门铃、电话铃等），不要急于离坐，两手握固调息后再起身。初学者，不要在野外和不熟悉的环境静坐。

注释

① 禅定：佛教名相，梵文音译"禅那"之略。意译为"静虑"、"思维修"等。禅的状态是心注一境，故曰禅定。

② 丁福保（1874—1952）：字仲祜，号畴隐，江苏无锡人。博学，出版书籍百余种，佛学专著有《佛学大辞典》、《佛学指南》等，养生书有《静坐法精义》等二十余种。

③ 《静坐要诀》：明代袁了凡撰，论述佛家静坐法，有著名的"白骨观"法。

五　筋和则康

　　筋和则康也可理解为经和则康，经筋和顺则身体康泰。中国传统医学之生理学很有意思，它以研究生命活体为对象，称人的活体内有一个"气"运行的系统，也就是活人才有的内气系统。祖国医学认为，活人除了有有形的生理系统外，还有一个无形的系统，叫做经络系统，由十二经络、奇经八脉、三焦、水道、经内穴位、经外奇穴、丹田、关窍等组成。

　　对于内气经络系统，"易筋十二势"疏导经筋的目的是为导气令和，易筋，易先天、后天变易之气，使之和顺。"易筋十二势"还有"引体令柔"之效。"易筋十二势"外应十二时辰，内应十二经筋。使内气和顺，使肢体致柔。

　　《达摩易筋经》曰"筋（经）和则康"，这个"和"字用得很好，心平气和，守中用和，致中和，都离不开和。所谓阴阳不调和或四大①不和，身心就会有障碍，《达摩易筋经》"易筋十二势"之功效，是将引起四大不和的筋经调到和顺，《达摩易筋经》曰："以预其气，使气清而平，平而和，和而畅。"使之四大和合顺畅。

　　《达摩易筋经·总论》曰："易筋者，谓人身之筋骨，由胎禀而受之，有筋弛者、筋挛者、筋靡者、筋弱者、筋缩者、筋壮者、筋舒者、筋劲者、筋和者，种种不一，悉由胎禀。如筋弛则病，筋挛则瘦，筋靡则痿，筋弱则懈，筋缩则亡，筋壮则强，筋舒则长，筋劲则刚，筋和则康。"道理很简单，筋经不和顺就会生种种病，若设法将筋经调和，并能长期保持，即能长享健康。

注释

① 四大：佛教名相。即地大、水大、火大、风大。古印度医学认为，人身是由四大和合而成，凡人体显坚硬相的属地大，流动相的属水大，暖热相的属火大，动摇相的属风大。

六 《达摩易筋经》之心印：守中

《达摩易筋经》将宗门内不传之秘全部写在纸上，没有一点故弄玄虚的内容，让后世修炼者自己去验证，宗门内称为有法可依。《达摩易筋经》之《内壮论》是讲身心的关系和修证的方法，此篇至关重要，达摩禅师在此传了"心印"。心印又称"密印"，密者，其理非常秘密深奥。什么是"心印"？如果将一套完整的养生功法比作一个人，那么"心印"就是人的心脑。

般刺密谛曰："此篇乃达摩佛祖心印，先基真法，在'守中'一句，其用在'含其眼光'七句，若能如法行之，则虽愚则明，虽柔必强，极乐世界可立面登矣。"

守中，何为中？中在哪里？怎么守？守什么？既然说到"心印"，心印又如此重要，问些问题亦属正常。"守中"一词出自道家，《老子》曰："多言数穷，不如守中。"老子很直白地指出，就是将所有的方法都数穷尽了，还不如守中。《性命圭旨》曰："老子所谓'守中'者，守此本体之中也。"守中即是守自己，这也很好理解。

"中"是何处？《达摩易筋经·内壮论》云："胸腹之间，即名曰'中'，惟此'中'乃存气之地，应须守之。"又曰："脐之上，心之下。"胸之中乃膻中，气之会，解剖学上为胸腺所在。腹之中脾胃，后天之本，水谷生化之处。胸腹间谓"中道"，胸腹部谓"中宫"。

怎么守中？诀曰：守中用"和"。使气清而平，平而和，和而畅；筋和则康。《达摩易筋经·内壮论》曰："守之之法，在乎含其眼光，凝其耳韵，匀其鼻息，缄其口气，逸其身劳，锁其意驰，四肢不动，一念冥心，先存想其中道，后绝其诸妄念，渐至如一不动，是名曰'守'。"此守中七句，应烂熟于心。

守什么？《达摩易筋经·内壮论》曰："守中者，专于积'气'也。"

又曰："务培其元气，守其中气，保其正气，护其肾气，养其肝气，理其脾气，升其清气，降其浊气，闭其邪恶不正之气，勿伤于气，勿逆于气，勿忧思悲怒，以预其气，使气清而平，平而和，和而畅达。"（《达摩易筋经·膜论》）

守中七句涵盖了《达摩易筋经》养生三要素（调身、调息、调心），守中用和是首要，屈伸呼吸、抻筋拔骨，是调息、调身，《灵枢经·官能》曰："缓节柔筋而心和，调者可使导引行气。"守中用和是调心，配合动作、吐纳，感受升降开合之变化。守中用和，在炼功过程中贯串始终，不离不弃，此乃"心印"，《乐育堂语录》曰："守中一步，虽属入道初基，其实彻始彻终，皆离不开这'守中'二字。"《七部要语》曰："神静而心和，心和而形全。"这些都是心印的奥义。

七 《达摩易筋经》之膜论

《膜论》是中国古代养生功法中唯一一篇不言阴阳五行，直言人体运动生理结构，将炼"骨膜"在易筋强身中的重要性表述清晰（炼筋——炼膜——炼气）的专论，言之有据，这篇文献符合达摩祖师的教法，从"理入"入手，即先明事理，然后再从"行入"践行印证，使学炼者知其然，又知所以然。凡是一部完整的养生功法，必定有相应的理论支持，《达摩易筋经》独到的理论使人耳目一新，能使学炼者明明白白炼功，而不是那种所谓"功到自然成"的盲修瞎炼。由于学炼者重法轻理，也有传法者传法不传理等现象存在，故《膜论》一直没有被重视。

《达摩易筋经》在《总论》之后，即是《膜论》，言简意赅的功理，说明炼功先明理，般刺密谛译师根据东土人的知见，说明了"膜"的生理，般刺密谛曰："此篇言易筋以炼膜为先，炼膜以炼气为主，然此膜人多不识，不可为脂膜之膜，乃筋膜之膜也。脂膜，腔中物也；筋膜，骨外物也。筋则联络肢骸，膜则包贴骸骨。筋与膜较，膜软于筋；肉于膜较，膜劲于肉。膜居肉内，骨之外，包骨衬肉之物也。其状若此。行此功者，必使气串于膜间，护其骨，壮其筋，合为一体，乃曰全功。"这一段文字非常重要，他告诉我们凭什么易筋、炼功怎么炼、炼什么、从哪里入手等至关重要的问题。

《达摩易筋经》"易筋十二势"，由轻缓、柔和的动作开始，继之以转体、屈伸、拧转、俯仰，每式目的性明确，均与人体十二经筋相应，各势既独立又互相关联，整套拳操属于大炼形，通过人体骨骼、韧带、肌腱的定向重复牵抻，使全身各部都依次参与了"抻筋拔骨"，从而感受到大炼"筋骨"的运动，由于骨骼的牵抻作用，骨膜得到刺激，骨的营养结构得到改善，体内的精气得以运行生发。《膜论》曰："以预其气，使气清而平，平而和，和而畅达，能行于筋，串于膜，以至通身灵动，无处不行，无处不到。气至则膜起，气行则膜张，能起能张，则膜与筋齐坚齐固矣。"

现代运动生理学认为，人体每一块骨的表面，除关节面包有一层软骨外，其余部分都包有一层结缔组织"膜"，也就是骨膜。骨膜最内层的细胞，有造骨的机能，对幼年时骨的生长以及骨折后再生起重要作用。骨膜内还有丰富的血管和神经，对骨质有营养作用。因此，在骨折处理时，要注意保护骨膜。这足以说明骨膜生理功能的重要，炼功后可提高骨骼的抗折功能，尤其对青少年的生长发育有利，同时可纠正体形，对肢体动作协调性有帮助。

关于骨骼，《达摩易筋经》（下卷）专立《骨数》一章，可见古人重视骨骼生理。《膜论》曰："所以有形之身，必得无形之气，相倚而不相违，乃成不坏之体。设相违而不相倚，则有形者亦化而无形矣。是故炼筋，必须炼膜，炼膜必须炼气。"这就是《达摩易筋经》之膜论的独特之处。

八 《达摩易筋经》之揉法

  《达摩易筋经》作为一套古老的功法流传至今，经过历代养生学家的传承，已经成为一套实用性很高的养生功法，然而人们通常炼《达摩易筋经》只注意易筋十二个招势，很少去关注一些相关的技法。这使得《达摩易筋经》未能将其全貌展现。

  《达摩易筋经》之"揉法"是古老的推拿手法之一。揉者，顺也、服也，谓矫而正之。

  "揉法"是《达摩易筋经》的一个重要组成部分。揉法具有消病痛、助功夫的作用。"揉法"在《达摩易筋经》中却被作为独立一法，贯串了几个重要章节，在《十二月行动》、《内壮论》、《服药法》等章节中多次提到揉法的应用。这是值得我们好好研究的推广的。

  众所周知，"易筋十二势"作为中医学、运动医学的必修课，早已编入高校教材。作为按摩、骨伤科的基本功，炼功是为了增强臂力、腕力和指力。但学炼却不知还有"揉法"可以助功力，增疗效。

1. 易筋与揉法

  《达摩易筋经·揉法》曰："夫揉之为用，意在磨砺其筋骨也，磨砺者，即揉之谓也。"这是《揉法》章的开宗明义之说，后面凡在重要的章节都提到用揉法。

  《达摩易筋经·内壮论》说："一曰，守此中道。守中者，专于积气也……其下手之要，妙于在揉……二曰，勿他想……揉而不积，又虚其揉矣，有何益哉？三曰，持其充周。凡揉与守，所以积气。"易筋内壮的功夫，此三要素最为要紧，守中是"心印"。用揉法时惧怕心外驰，着意守中"勿他想"，配合揉法，若他想，揉而无益。专注揉与守，经云："守之不驰，揉之且久，气惟中蕴，而不旁溢，气积而力自积，气充而力自周。"炼《达摩易筋经》的三要素中都要运用揉法，这就足以说明揉法与易筋之关系。

2. 揉法之技巧

揉，从字面上解释是顺服，是古代按摩手法之一。可以自揉亦可施于他人，此法既可以积气又可使积聚之气血消散。揉法实用性强，如遇胃胀、腹胀、头痛等，不用急于服药，静下心来慢慢揉，就可免受针药之苦。自揉，可暖手揉双目，揉上眼眶，揉面颊等。用手掌或指肚轻揉某一生理部或穴位，使之顺服。下面介绍三种手法。

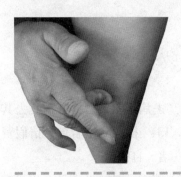

（1） 指揉法
此法适合按揉穴位。

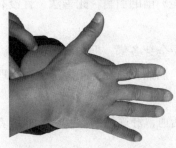

（2） 掌心揉法
此法适合揉胃部、脐部、腰部、背部、膝部等。

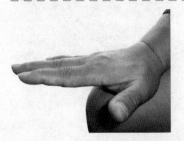

（3） 掌根揉法
此法适合揉脂肪、肌肉较厚实的部位。

揉法之要点

揉的时间不宜太短,(一个部位)不要少于十分钟。

揉时要心平气和(这一条很重要亦很难做到)。手要洗干净,指甲要剪短。先将两手搓热,然后用右手揉,揉时手腕不要用力,以肘部为支点,用手臂之力轻轻揉动,旋转幅度不宜过大,神情要专注,动作要轻、柔、缓,缓则为补,使之顺服。

指揉法,要找准穴位,操作时压力要小,用意要深入,通过较长时间指揉来刺激穴位。

3. 揉法之功效

《修昆仑证验·小引》曰:"长生若何? 去病根也;去根若何? 去其积也;去积若何? 有一言而可以终身行之者,曰:揉。其揉若何? 请假贤引《诗》之语为则,曰'如切如磋,如琢如磨'者,自修也。"

上面这段文字是清代天休子著《揉积论》前的引言,此善法一直没有引起人们注意,其为可惜。

揉法安全可靠,无任何副作用,适用于全身各部。助内壮,增功力。常用于外伤引起的红肿、疼痛、胃胀、胸闷、肋痛、便秘、泄泻等,对心理障碍患者亦有特效。

揉法具有宽胸理气,消积导滞,行气活血,舒筋活络之功效,如揉者有功力,则能活血化瘀,消肿止痛。

九 《达摩易筋经》之秘法

《达摩易筋经》上卷、下卷都介绍了一种采日精和月华的"秘法"。古代养生学家非常重视人与宇宙自然的和谐，创立了天人合一的思想，以动静相兼的形式，吸天地之元气，采日月之精华。以充养身心，祛病延年。

《达摩易筋经·采精华法》曰："太阳之精，太阴之华，二气交融，化生万物。古人善采咽者，久久皆仙，其法秘密，世人莫知。"下卷则更详细，附录了一段道家养生书的文字，古书中有一行小字曰："此与上卷《采精华法》参详。"此秘法出自中医药古籍《诸病源候论》[1]和道书《云笈七签·日月星辰部》[2]、《遵生八笺》[3]等，下面介绍两种"秘法"的出处和炼法。

1. 采日精法

《云笈七签》（卷三十四）曰："日初出、日中、日入时，向日正立，不息九通，仰头吸日精光，九咽之，益精百倍。若入火[4]，垂两臂不息，即不伤。"

又（卷二十三）曰："常存心中有日象，大如钱，在心中，赤色。又存日有九芒，从心中出喉至齿间，而芒回还胃中；如此良久，临目存自见心、胃中分明，乃吐气，漱液、服液，三十九过止。一日三为之，行十八年得道，行日中无影。"

《遵生八笺》曰："凡存心中有日象，大如钱，中赤色，有光芒，从心中吐出喉至齿间，即不出，起回还胃中。如此良久，临目存见心中、胃中分明，乃吐气讫，咽液三十九遍止。一日三为之，日出时、食时、日中时，行之一年，除疾。五年身有光彩，十八年得道。日中行无影，辟百邪千灾之气。常存日在心，月在泥丸中。昼服日，夜服月。"

上述的"秘法"属于自然疗法，常言道，万物生长靠太阳。自然疗法中有"日光浴疗法"。东方养生学认为，采太阳之精，可补人体元阳，如阳气太盛"若入火"，说明采日精太过，可垂下两臂息火（可泻去虚火）。

2. 采月华法（嚼月精法）

《诸病源候论》曰："月初出时，日入时，向月正立，不息八通。仰头吸月光精，入咽之。令阴气长，妇人吸之，阴精益盛，子道通。阴气长，益精髓脑，少小者妇人，至四十九已上还子断绪者，即有子，久行不已，即成仙矣。"

《云笈七签》曰："嚼月精法，嚼月精，凡月初时，月中时，月入时，向月正立，不息八通，仰头嚼月精；八嚼之，令阴气长。妇人嚼之，阴精益盛，子道通。凡入水⑤，举两手臂不息，没。"

《遵生八笺》曰："服月法，存月光芒白色，从脑中入喉，又复至齿，而咽入胃。一云常存月，一月至十五日已前，服十日，已后不服。月减光芒，损天气，故即止也。"

月华（月光的辐射）对人体确实会产生影响，如炼功者火气太旺，可在夏历十四、十五、十六三日亥时，面对月亮正立，调息闭气不息九通，然后用口鼻同时吸气七至十四次。如炼后身体发凉，身上有入水的感觉（凡入水），是采月华时间过长，说明吸阴气太过，举两臂至身体发热即止。妇女阴气不足亦可采用此秘法。现代科学研究表明，人体中约百分之八十是体液，月球的引力也像引起海潮汐那样，对人体中的体液发生作用，引起生物潮。满月时对人的行为影响比较强烈，使人容易激动。另外，月亮的电磁力影响人体荷尔蒙、体液和兴奋精神的电解质平衡，从而引起人生理和精神的变化。

3. 采日精月华时辰

《达摩易筋经·采精华法》曰："朔取日精，宜寅卯时，高处默对，调匀鼻息，细吸光华，合满一口，闭息凝神，细细咽下，以意送之，至于中宫，是为一咽。如此七咽，静守片时，然后起行，任从酬应，毫无妨碍。"

《采精华法》又曰："望取月华，亦准前法，于戌亥时，采吞七咽。此乃天地自然之力，惟有恒心者，乃能享用之，亦惟有信心，乃能取用之。此为法中之一部大功，切勿忽误也。"

朔日，夏历（农历）初一、初二、初三，即月初三天，适宜采日精。

寅时，即地支的第三位，凌晨三点至五点，人体气血运注肺经；卯时，即地支的第四位，早晨五点至七点，人体气血运注大肠经。这两个时辰是炼功最佳时机，以受清明之气。

采日精法的次数，一年四季（以夏历计，一年四季，二十四节气）各不相同，春三、夏五、秋七、冬九。这样可以采日精，温补元阳。

望日，宜采月华。夏历十四、十五、十六，即月中三晚。

戌时，即地支的第十一位，晚上十九点至二十一点，人体气血运注心包经。亥时，地支最末一位，晚上二十一点至二十三点人体气血运注三焦经。这两个时辰是炼静功最佳时机。

4. 炼功时辰

关于炼功时辰前面"秘法"中已经讲过，古人传功讲究天人相应，如上卷之"十二月行功"从"初月行功"始，相应从夏历正月始，逐月炼功，逐月验证，十二月行功满，才能全功。

我的老师还专门择闰春月或闰秋月传功，他说，闰春月学习宜长功，闰秋月炼功宜结丹。每逢闰月，即多出一个月的时机，用其春秋助我春秋，可以促其生长结果。依十二月行功法每个月都可以随气候、季节的变化而改变，是可以逐月验证的，通过气候的变化来感受二十四节气对人体的作用。初学者，尤其是体弱多病者，一种是对节气变化很麻木，另一种就是对节气变化很敏感，这都是不能相应的结果，可在家中醒目处挂一夏历（农历）的日历，事先用粗笔标出，这样一旦节气来临就知道如何应对。

注释

① 《诸病源候论》：隋代太医巢元方主持编撰，系我国第一部病因学专著，共二十五卷，被历代中医养生学家尊为"医门七经"之一。

② 《云笈七签》：北宋张君房编撰，道教称书箱为"云笈"，道书又分为三洞、四辅，故合称"七签"。

③ 《遵生八笺》：明代高濂撰，包含《清修妙论笺》、《四时调摄笺》、《却病延年笺》、《起居安采笺》、《饮馔服食笺》、《灵丹妙药笺》、《燕闲清赏笺》、《尘外遐举笺》等八笺。

④ 入火：内丹术术语，采太阳之精太过，阳气太盛尤如入火，可垂下两臂息火，泻去虚火。

⑤ 入水：内丹术术语，采月华时间过长，身上有入水的感觉，吸月华太过，举两臂至身体发热即止。

十　《达摩易筋经》之药法

《达摩易筋经》的要旨是：易筋以坚其体，壮内以助其外。如果没有一整套行之有效的完备功法和辅助功法、技法支持，没有正确的功理指导，是很难达到这十二字的宗旨的。炼功之初是为了提高自身气化功能，气化的物质基础是每天摄入的水谷、空气和秉自父母的元气，但天长日久这些基础都会动摇，动摇了基础就会生病，炼功也成了空使，故功效不明显。造成基础动摇有多方面的原因，一是生活没有规律，入不敷出（时下叫透支）；二是摄入之水谷、空气被污染；三是精神压力大或先天不足伤了元气。因此，炼功气化所得能量（精气）难以平衡气（阳）血（阴）。那么就必须借助于药食（石）来筑基，以提高自身气化功能。

1. 用药方法

《达摩易筋经》（上、下卷）所载用药法是配合炼功的，有内服和外洗两类。民间各种《易筋经》抄本中也有很多配方，如通灵丸方、如意散等，大多为经验方，现代并不合用，只能用作参考。《达摩易筋经》上卷《服药法》载："炼壮之功，外资于揉，内资于药，行动之际，先服药一丸，约药入胃，将化之时，即行揉功。揉与药力，两相迎凑，乃为得法，过犹不及，皆无益也。行功三日，服药一次，照此为常。"

《达摩易筋经·内壮药方》所载"内壮药"共有十味药，制成丸剂，以补不足。又云："多品合丸，其力不专，另立三方任用。"这三个均为单方，以上四方之功效均以内壮为主。

关于这三个单方这里稍作说明：

一方：野蒺藜。（《本草图经》说："神仙方亦有单饵蒺藜，云不问黑白，但取坚实者，春去刺用。"）

一方：朱砂。（《本草纲目》说："〔主治〕身体五脏百病，养精神，安魂魄，益气明目……"）

一方：茯苓。（《本草纲目》说："茯苓白色者补。"我传承之经验方，是采用白茯苓浸泡在蜂蜜中，半个月后即可服用，服法：每日清晨空腹，用一杯温水，二至三粒白茯苓带一些蜂蜜放入温水中服食。用药时须配合揉法，使功、药并行。）

《达摩易筋经》下卷载有"打虎状元丹"（二方）和"大力丸"，系强壮药。内服药由于季节不同，用功部位不同而增配一味药：

（夏 加）茯苓 二钱

（上行加）川芎 一钱

（中行加）杜仲 一钱

（手行加）肉桂 一钱

（腿行加）牛膝 一钱

紫苏（夏 加） 五钱 （冬 加） 一钱

共为细末，炼蜜为丸，白水下。

又，关于外用药，《易筋经·汤洗方》载："行功之时，频宜汤洗，盖取其盐能软坚，功力易入，凉能散火，不致聚热。一日一洗或二日一洗，以此为常，功成则止。"又曰："时常汤洗，以疏气血。"上、下卷均载有外用药"汤洗方"、"下部洗药方"和"洗手仙方"等，意在柔化体表，提高肢体敏感性和抗击能力，药功并用可达到"易筋以坚其体，壮内以助其外"的目的。

凡有传承的功法不同于新创编功法，千百年来的传统和继承保留了精华去掉了糟粕，具足了法、理、功、诀、药、心、辅、秘八个部分。炼功"用药方法"在其他传统功法中也有记载，它不同于平时治病用药，以上几则处方在炼功没有长进，炼功后有疲劳感时可择方服用，功效是内壮，亦有"助功"的作用。

2. 易筋与药食

年老体弱者炼"易筋"之法须结合药食（亦作药石），下面介绍师承与经验，吾师较注重行气、活血、化瘀，他认为习武之人跌仆损伤是家常便饭，练功努力不当也会气滞血瘀，平时生活劳作亦会受伤，应有些应急的方法。在物资比较缺乏的上世纪六七十年代吾师手上最名贵的药是红花、三七等，记得最常用的是揉法，师曰：此乃随身所带之良药，不要吝惜。若遇较重的伤痛，揉法不起作用时，才用锉刀锉一点三七药末和着劣质黄酒服，有奇效，无不验。

现代之老弱多病者尤其是亚健康人群都不缺营养，各种医学检查和药物也很齐备，有想通过锻炼提高身体素质的，也要认真炼功三个月后再考虑补益之法，这样的人群应首选食补。古人云：药食同源。《素问·藏气法时论》说："五谷为养，五畜为益，五果为助，五菜为充。"具体来讲，经过炼功自身气化功能好了，消化功能也改善了，要多补充水分，如蔬果汁、牛奶、豆浆，最好是白粥，五谷杂粮生发之气最清纯。俗话说，药补不如食补。身体比较虚弱者可用"药膳"，选用禽类放入适量大枣、桂圆、枸杞、黄芪等，以药助食气，容易吸收。

凡用药食须有明师指导，要想借助药之性味助功者更须明师指导。用药法，要因人、因时、因地调摄，目的性明确，服用者，也要知药理、药之性味、归经、功效等，选择合适的剂型。助功之药，起效即止，切不可依赖药性长功，更不能乱用补药和大荤，若不忌不但无助，反而障道。

药食剂型有药膳、汤、丸、散、膏等。

药膳：选择补气、血之上品药和禽类同煮，药助食气易归经。

汤剂：选用精制饮片，浸泡时间要足，煎时讲究火候，适合白天服。

丸剂：药力缓慢，作用时间长，适合晚上服用。

散剂：大多为单方，专攻一处，内服、外敷均可，外用要特别注明"外用"，以免误食。

膏剂：大多为补益方，大补须冬至始，平日用膏剂"中病辄止"而"不可以为常"。膏剂亦可作外用，要在容器上注明"外用"，以免误食。

服药禁忌：服内壮之药时忌房事，切忌食葱，因蜜丸之蜜和葱性相反。

采取药法意在"易筋"过程中，若功全而药（自身津、精、气、血）不足，每天空运使有损而无益，借助药食补充有"助功内壮"之效，补益的"度"只有自己慢慢把握，但是，要以易筋为主，药食为辅，绝不能本末倒置，在功药并行之际，更应懂得惜精葆元，若精满气足，则宜运精补脑，行洗髓之功。

3. 如何看待古药方

我们若按书中的古药方抓药熬制可能不适用，古方的计量虽可换算，炮制的方法也可照办，但终究不知虚实加减，恐有不测，加上古人炼功的量大于今人，诸如饮食、环境、心态等亦有很大差异，摘录古药方是供研究，千万不能盲目服用。据师传和自身的经验可选择功效相仿的中成药（非处方药）代用，亦有同等功效。

国术内功如不得法，会形成气滞，发力过猛，还会产生血瘀，进而导致人体机能的五行失衡。出现该症候不用紧张，如局部气滞可治以导引、揉法，即预备式之屈伸是也。以局部放松为主，再配合呼吸。日常生活中如行、住、坐、卧亦会引起气滞，这是因为久行、久坐、久卧或没有做预备功等。搬运劳作，跌扑滚翻也会伤及筋骨形成血瘀。此类症状皆源于人体经络不畅，气血不顺，五行失衡，可通过炼功或揉法行外部治疗，内服通络活血药进行内部疏导。经常服用及配合易筋经锻炼，能使身体活力充足。

十一　《达摩易筋经》之房中

　　房中是古代养生法的重要组成部分，中医药古籍《医心方》中的房中术，有许多合理的方法。健康人所有的生理功能都应该是正常的，包括性功能。《达摩易筋经》中有一章节《用战》，即房中术。《用战》曰："设人缘未了，用之临敌，对垒时其切要处，在于意有所寄，气不外驰，则精自不狂，守而不走。"

　　这一段文字即房中术，是古代养生术之一，古代养生学家研究如何正确地过性生活，包括减少消耗和优生等。

　　炼《达摩易筋经》后精满气足，应惜精养气，肾虚阳痿者，更要知道保养，可参学《下部行功法》，任脉和督脉真气环流（周天），使身体真正强壮。

十二　《达摩易筋经》之辅助功法

　　辅助功法是配合《达摩易筋经》正功"易筋十二势"的，辅助功法主要有两大类：一是内壮功，一是外壮功。如《内壮神勇》开篇讲"周天功"，接着讲"排打功"、"炼手余功"、"推炼手足"、"炼指法"、"搓膀腕法"等，都是炼手足外壮强硬的，还列举了很多辅助应具，详细介绍了各类应具的选材、制作方法，以及使用方法和禁忌。《外壮八段锦》讲解了"气与力合"的炼功方法。"十二月行功法"逐月讲解了炼功效应和怎样运用辅助功法。

　　《贾力运力势法》的"贾力"，即卖力，是一套完整的辅助功法，除了预备功和运气方法，还有助炼大周天的"时揸五指"（见前《禅定与静坐》之"十指着座"图）与"头捣户壁"。

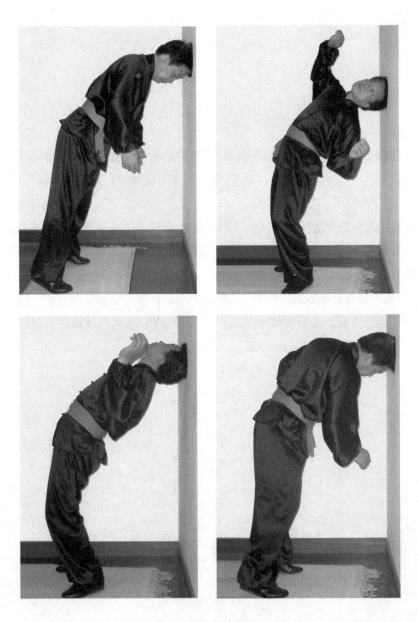

头捣户壁

运力要做到气与力合，用意运力。炼功时不能只求松而使气散乱，过分强调"松静自然"就会使气散乱。"杵席作卧"和"铁板桥功"即是贾力、运力的验证法。

杵席作卧

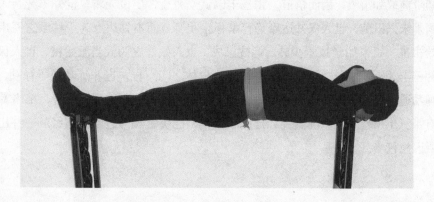

铁板桥功

在"易筋十二势"正功中有两点要特别注意：一是咬牙，即开始炼功先咬牙，此举有利提气。二是舌抵上腭，不是舌舐上腭。

炼功心念要正，炼功的同时也要提升自己的品德，功夫才会有长进。吾师真慈大和尚说："道贯古今，德敷上下。"与同道共勉。

十三 《达摩易筋经》中的道家养生法

  《达摩易筋经》在中国传承千百年来，也凝聚了历代高贤的智慧，佛道两家在"修身"方法上是相通的，经中汇集之"秘法"的出典，拙作《实用道家气功法》有专门的讲解。南怀瑾先生在《易筋经》序中说："达摩祖师传授禅宗心法以外，同时传有外功方术，当为事实。"[①]在这里我还想借用近代国术大师金一明先生《练功秘诀》中的一段"结束语"来说明炼功与禅功、道功的关系。《练功秘诀》曰："历代史书，尚多稽考，达摩禅师，面壁九年，闻阶前蚁如雷鸣，因而悟道。张三丰以武当丹士，出没无常，世知不死。于国术未兴以前，世人仅知达摩为释家禅宗祖师，而不知达摩为少林派之开山始祖也。三丰始学技于少林，炼技已成，世人始尊之为武当派始祖。世人仅知三丰为道家炼丹之羽士，而不知其为少林之门下也。岂非炼功通于禅功，禅功通于道功，道功通于禅功之理。"也算解开一个心结吧。另外，笔者藏有张三丰所传《达摩洗髓经》丹经版抄本，已决定和《达摩洗髓经》一并出版以飨读者。

注释

① 南怀瑾先生著《南怀瑾著作珍藏本》第六卷《健身之部》，复旦大学出版社，2000 年。

十四　基本功

炼功犹如练书法，认真从楷书下手，临帖要用心，无论正体字、简体字，笔画不能多亦不能少，如果一开始就自创一套，最后是不知所终。因此，初炼者一定要动作规范，天长日久才会明白其中奥妙，切不可随心所欲，添枝加叶。国术健身讲究刚柔相济，欲炼好《达摩易筋经》"易筋十二势"，须炼好下面三个基本功：

1. 站桩

站桩，两脚开立与肩同宽，两手握于后，舌抵上腭，抬头挺胸，站立五分钟。

站桩

2. 正压腿

正压腿，脚后跟架在压杠上，左右腿各压五分钟。

正压腿

3. 压双肩

压双肩，两脚开立与肩同宽，两手握住压杠略宽于肩，抬头慢慢下压，腰下塌，尾椎微微左右摆动，五分钟左右。

压双肩

炼好站桩功，炼《达摩易筋经》"易筋十二势"动作下盘桩基才会稳固。压好腿和肩，抻筋拔骨动作才能做到位。《达摩易筋经》独特的屈伸呼吸、抻筋拔骨运动形式，是从紧张中体会松弛，使人体始终保持身稳颈直，内强外壮。

十五 符合当代医学模式的《达摩易筋经》

　　我们对《达摩易筋经》的认识其实是很肤浅的，喜欢作一些"结论性"的评说，对前人的智慧熟视无睹，如果我们能静下心来，认认真真地炼上几年，心平气和地研究各种版本，就会发现自己太渺小，里面的学问太大。古人曰："经读百遍，其义自现。"熟能生巧，就是这个道理。尽管传承了一千多年，其内涵和现代医学模式还是相应的。

　　世界卫生组织公布的当代医学模式：生理——心理——神经系统——免疫系统。《达摩易筋经》是一套整体运动的自然疗法，其功效真可谓：有病治病，无病健身。这套运动的特点是有三个要素贯穿其中：调整呼吸。呼吸法非常重要，佛家有"人命在呼吸间"的论断。养生家发现，呼吸一法贯穿三教（释、道、儒）。调整形体，一张一弛、文武之道。气息和身形一并调摄，屈伸呼吸，吐故纳新。调整意念，是在调息、调形的基础上，守中用和。将外驰的心收回到自己的气息和形体上来，使意、气、形统一起来。现代心理学研究表明，有的意识有重要的心理机能，它对人的身心系统起着统合、管理和调节的作用。它是有生理基础的，不是凭空臆想的，它的生理基础是人体神经系统，神经系统的基本结构单位是神经元（见下页图），神经元具有接受刺激（信息）、传递信息和整合信息的功能。

　　神经元分为感觉神经元（传入神经元）、运动神经元（传出神经元）和中间神经元（在感觉和运动神经元之间起联络作用的联络神经元）三种。

　　许多神经元的轴突聚集在一起组织成神经纤维，构成一根神经。神经系统就是由遍布全身的神经组织成，它包括由脑神经和脊神经组成的躯体神经系统及自主神经系统。大量神经细胞集中的地方称作神经中枢，它包括脊髓和大脑（而紧接着《易筋经》，下一步炼的是《洗髓经》，多么巧妙，多么不可思议）。脊髓由脊神经细胞和神经纤维构成，是中枢神经系统最低级的单位，掌管如呼吸、心跳、体温调节等。延脑支配呼吸和心跳。小脑是保持身体平衡，调节肌肉紧张度、实现随意和不随意运动的机构。

前面提到的自主神经系统由交感神经和副交感神经组成，分布于心脏、呼吸器官、血管、胃肠平滑肌和腺体等内脏器官，调节、支配内脏器官的活动。

自主神经系统一般不受意念支配，但是经特殊训练（现代心理学亦承认），意念可在一定程度上调节自主神经的活动。诚然，人在情绪状态下（尤其是患有心身疾病时）会有明显的生理变化，说明自主神经系统的活动与情绪有十分密切的关系。

提高免疫系统的功能，中国传统医学和古印度医学提出了一个"气脉"学说。祖国医学认为，正气在，邪不可干。古印度医学则认为，气脉通畅，百病不生。提高自身免疫功能除了要注重作息和营养外，正确的锻炼方法很重要，有位仁者提出研究"上工工程"，以愚之见就可从此处下手，会少走很多弯路。因为《达摩易筋经》经过千百年的"临床"实践，有安全性好、功能性强、适应人群广的特点，是一套值得学习的养生功法。这套古代养生法公开了一个被内家称为不传之秘的"心印"，即《易筋经·内壮论》所说的"守中"。守中要法可契合现代医学模式：生理——心理——神经系统——免疫系统。

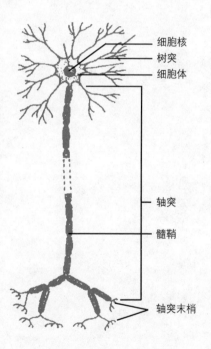

细胞核
树突
细胞体

轴突

髓鞘

轴突末梢

附录

《达摩易筋经》传承与心得

一　《达摩易筋经》使我
乙型肝炎康复

我在桂林荔浦县国税局工作，五年前（2002 年春）在县人民医院的一次例行体检中，体检报告显示肝功能各项指针都大大高于正常指标，B 超结果为"脂肪肝"。平时在医疗广告中听到的"小三阳"居然落到自己身上。

1. 寻医找药，前途迷茫

我平时身体一直不错，工作、家庭各方面都充当主力。自从戴上了"乙肝"帽子后，十分焦虑，到处寻医找药。一年折腾下来，肝功能指针和 B 超结果完全没有变化。

难道真的要一辈子充当"乙肝病毒携带者"吗？那段时间心理压力特别大，睡眠、饮食都出现了问题，感觉进入了一个恶性循环。

2. 身心俱疲，灰心丧气

有时回想起来，没有生病前，真是有用不完的劲，无论工作、运动还是在酒桌上（地方上的陈年陋习）都是主力，自被确诊是"乙肝病毒携带者"，犹如五雷轰顶，一下子垮了下来，对疾病愈了解就愈恐惧，弄得身心俱疲，看到各种治疗广告，都是满怀信心去，灰心丧气回，两年不到，脸上、身上的"老年斑"也长出来了，每天拖着两条沉重的腿，有气无力。这一切就像一场不会醒的噩梦。

3. 偶遇明师, 授易筋经

2003 年底, 有一次应酬市局来县的领导, 在座有一位气色非凡的"年轻人", 经人介绍是刚从上海来开发区投资办厂, 人们都习惯叫他严老师。严老师擅养生, 故显年轻, 后来熟悉了才知道, 严老师其实也已年过半百, 整整大我一轮 (即十二岁)。严老师笑着说:"罗局长应酬太多, 且又信奉宁伤身体, 不伤感情, 饮酒过多伤及肝脾, 要好好学习保养啊!"我当即向严老师请教方法, 严老师说:"从下周开始, 你可每天清晨来我厂, 我授你易筋之法。"

4. 动静结合, 吐故纳新

严老师每天在传授动作之前, 先帮我调摄心理, 树立我的信心。他要求我尽可能减少应酬, 有空就到他那里去锻炼, 并亲自示范, 无论寒暑持之以恒。

现在回想起来, 第一年是最难的。春天懒得起床, 必须用闹钟; 夏天一动汗流一地; 秋天烦躁缺乏耐心; 冬天寒冷刺骨。每天天不亮就去严老师处"易筋"。

令人欣喜的是付出得到了回报。一年调理下来, 体检结果有两项指标正常了, 其余指标也在向好的方向发展。

严老师说, 易就是"变"、"改变","筋"是生理, 就是年复一年的锻炼来改变生理, 让病魔没有藏身之地。

5. 熟能生巧, 持之以恒

严老师经常检查纠正我的动作, 讲解要领, 使我知其然, 又知其所以然。

自习练《达摩易筋经》不到两年, 体检指标就几乎接近正常, 我非常兴奋, 练习得更勤了, 还不时向严老师请教有无更好的快捷方式。

　　严老师要我认认真真练《达摩易筋经》，不要太在乎结果，如果太在乎结果，效果反而不佳。

　　第三年果然不出老师所言，没有进步。严老师苦口婆心地对我说，病来如山倒，病去如抽丝。切不可急躁，更不可贪走快捷方式。以"易筋之法"改变体质，系固本之法，坚持修习，将受益匪浅。

　　我遵从了严老师的教导，即使平时工作再忙，也不误锻炼。四年过去了，又到同一所医院作体检，医生惊喜地告诉我，消除了"小三阳"，结果为阴性。B超：无脂肪肝。一切指标都恢复正常。

　　现在，凡是认识我的人都说我和以前判若两人。我的体重没有减轻但壮实了。

　　这正应了严老师一直说的"易筋以坚其体，壮内以助其外"的易筋秘诀。

罗恩和

（摘自《中华养生保健》2007 年第 12 期）

二　健康之路，大医之道

　　我从小就喜欢做医生，高考时所有志愿都填了医科。大学毕业后一门心思地努力工作，在住院医生培训后考取了国家卫生部赴日留学奖学金，攻读医学博士学位。或许是自己机遇较好，学成回国工作一段时间后，即被聘任为主任医师（正高），时年38岁。就在职业生涯一帆风顺，我信心满满地立志在专业领域做出一番事业之际，问题也随之而来。一直以来由于自己是医生，身边的同学朋友也多是相关行业翘楚，我理所当然地认为自己对疾病和健康比常人更了解，可当事情真的发生时却发现未必如此。这一年我患上高血压，请教了心内科同事，从他们的专业角度看，当时要控制血压就只能服药。虽然不太情愿，还是开始服用降压药，一吃就是一整年。血压是降下来了，但按照现在的流行语言来说"那段时间真的整个人都不好了"。一个显著的特点是耐力下降、容易疲劳，一天工作完回家后就想休息，第二天起床后感觉就像没睡过一样，还是累，怎么都恢复不过来，这对于一个年富力强的骨科医生而言，影响是巨大的，导致那段时间的精神状态也变得抑郁起来……

　　从那时起我隐约觉得自己虽是医生，对待患者的疾病有种种办法，但对自身的健康却毫无把握！我开始尝试寻找"吃药降压"以外的新途径。恰好身边有一位学习中医的朋友得知我的情况后，建议我"站桩"。

　　作为西医出身的骨科医生，一开始我对"站桩"并无概念，只把它当作强身健体的锻炼方法，并推荐给当时比较胖的儿子。还打趣的和儿子说，"为了帮你减肥，爸爸和你一块儿站。"所幸我做事有恒心，能坚持。经过半年的"陪练"后，我发现自己血压出现了一些不寻常的变化，数值没有之前那么高了。于是决定试着把降血压药的服用剂量降到一半，也没有发现不良反应，即使偶尔忘记吃药也不像以前一样会头疼了。从那以后，我开始认真学习和坚持站桩，一年后，药完全断了。站桩治好了我的高血压，也激发了我了解中医、学习中医的兴趣。自从开始学习中医，更感到祖国传统医学的博大精深。而让我真正认识中医，身心产生质的改变是从学习"易筋经"开始。

我和"易筋经"相识缘自朋友送我一本书，即严蔚冰老师整理的《达摩易筋经》。当时对中医已经有些了解，但对中医导引几乎一无所知。记得当时看到严老师在书中发的大愿"吾发愿：将毫无保留地将传承与心得公开，希望更多的人能健康长寿"，感觉到作者是一位真正有宏愿和实证的中医修行人，于是就开始跟着书中视频学习。当时我站桩已经有些心得，也在学习一些其他中医养生的锻炼方法，可跟着严老师的易筋经录像练了一遍，立刻满头大汗，人却感觉轻松。两个月下来身体出现了各种"反应"，这可是自己站桩练了好几年才有的现象。我和朋友说，这个"易筋经"不一般，是个好宝贝，可惜没有明师指点。

人生很多事情似乎冥冥之中都有安排。五十岁生日那天，学生们为我举办寿宴，宴席场所是一个古香古色的文化会馆，吃完饭参观时发现一块牌子，上面写着"严蔚冰工作室"。严蔚冰！那不就是我天天跟着视频练习的严老师吗？兴奋之余，立刻打听情况，了解到周三下午有严老师讲课，那天我就兴冲冲地赶去见严老师。可是好事多磨，当天下午的课因严老师有事临时取消了，但我还是想办法和严老师取得了联系。老师知道我情况后，特地约我见了一次面。常言说"相由心生"，一见严老师本人使我不由得肃然起敬。和严老师的谈话也使我更加坚信，自己遇到了一位大医，一位大德。

之后我便跟随严师系统学习易筋经，学习中医导引。虽然时间不长，但整个身心却发生了质的变化。举几个小小的例子：自己 35 岁以后只要一做手术马上黑眼圈，特别是大手术。黑眼圈很深，长期不退，同时疲劳感很不容易缓解。练易筋经导引法一年后，黑眼圈明显淡了，几乎看不出，做完大手术睡一觉就恢复了，抗疲劳能力明显增强。还有一个非常受益的事：我经常出国讲课，需要长途飞行，时差问题一直困扰着我。以前有一次从美国回国，两个星期时差都没倒回来，白天头痛，晚上越睡越清醒，痛苦不堪。练易筋经导引法一年多，好像就没有时差这回事了，该工作时工作，该睡就睡。即使白天工作偶尔犯困，练上几势易筋经导引法就能缓解疲劳，振奋精神。晚上睡觉质量也很好，偶尔半夜醒来，很快又能睡着。自己也感觉很神奇。练习易筋经导引法不仅生理上有改善，心理上发生了改变：自己以前性格比较急，特别是手术时，护士们都说我"火气"比较大。现在却好像火气消散了，处理问题也愈发淡定、从容。其实自己的变化远远不止这些，深层次的身心提升有时真的难以用言语表达，借用古人的一句话"如人饮水，冷暖自知"。中医导引和易筋经的内涵是需要自身学习和坚持实践的。

2016年，我正式拜严蔚冰老师为师，成为非遗易筋经导引法的入室弟子。并跟随严师学习了解中医导引学，自此我对中医认知有了进一步的提高，始知"中医是真正的大医学"。

中医的理念是非常系统、先进的。在与严师的交谈中我感悟到"医道不分中西，目的在于健康"。只要是好的治疗疾病的方法，作为医生都应该学习掌握，而非自我局限。中医学的智慧在于以人为本，即研究的是生病的人，而非人生的病。而且中医特别强调作为医者自身的修证，包括道德、技术与传承多方面。孙思邈提出的"大医精诚"，其实质和备受现代医学所推崇的"希波克拉底誓言"是一个道理，只是文化背景不同，表述方法有别而已。

时至今日，我从医已有20余载，也取得了一些成绩。我可以说至少在创伤骨科领域，我们做的并不比欧美差，甚至在某些方面还有领先之处。并不是因为我们更聪明，而是因为我们的患者比他们多，积累经验的机会也就更多。如今，国际上最经典的创伤骨科教科书，其中一些章节就是由我们自己编著，这是世界对我们医学进步的认可。随着进步和发展，瓶颈也随之而来：原来都是跟着别人跑，以欧美为目标。可突然间，当发现已经并驾齐驱甚至逐渐超越之时，我们就应该好好思考以后的路。只在某些技术上领先是不够的，要想保持全面的领先，就必须在思路和理念上取得突破。我认为，最系统、先进的健康医学理念，很可能就藏在这绵延千年的中医药文化里。中医指导思想的生命整体观和中医导引学的主动治疗理念，现在正越来越被主流的声音关注和重视。我也和严师一起，尝试应用中医导引学的理论和方法与现代医学技术结合来提高患者整体的疗效。目前应用于膝关节疾病治疗方面，在临床上取得了令人意想不到的效果。这也进一步坚定了我的信心，

　　将这些宝贵的经验财富展现给世界，让更多人了解、学习中医，帮助更多人走上健康之路。

　　中医药文化、理论和技术是祖先的遗泽，也是全人类的宝库。国人当自信，吾辈当自强！携手将中西医精华融会贯通，推向世界，造福患者，这正是当代大医之路。

　　传习者介绍：

　　罗从风，上海交通大学附属第六人民医院骨科主任医师、博导，师承严蔚冰，国家级非物质文化遗产"中医诊疗法（古本易筋经十二势导引法）"传承人。1991 年毕业于上海第二医科大学，2002 年获日本横滨市立大学骨科医学博士学位。2010—2015 担任 AO 基金会中国理事（AO Trustee），多次担任 AO Davos Course 大师班主席。

　　现任上海市创伤骨科临床医学中心副主任，上海市第六人民医院骨科副主任，创伤外三科主任，AO 基金会技术委员会（AOTK）委员，英国 *The Knee* 杂志编委，*AO Principle for Fracture Management*，*Proximal Tibia Fracture* 章节作者。

三 灵丹妙药藏自身

人生真是奇妙，在一定时间认识某个人，或者做某件事，看似偶然，当无数的偶然碰在一起就变成了必然。似乎冥冥之中的安排，最近六年来，我与严蔚冰老师、易筋经导引法以及帕金森病导引康复的缘分，就是在无数偶然事件中不断促成的。

1. 偶遇施援手，初识严老师

我是神经外科医生，在瑞金医院从事帕金森病和精神类疾病的手术治疗。2004 年来上海工作之前，我一直在长春学习、工作，对上海夏天湿热、冬天湿冷的气候很不适应；外科医生的劳动强度大，尤其是帕金森病的治疗，手术后还要对患者长期随访，随时解答他们遇到的各种问题，是体力劳动和脑力劳动的结合，非常耗费心神。由于没能及时调整好自己状态，在长期工作压力和气候影响下，2011 年夏天，身体健康状况急转直下：一台手术下来浑身大汗，脸色苍白，总是感觉很累，话也不想多说，后来发展到平时走路、吃饭都出汗，颈、肩部疼痛，不敢抬头；西医的体检没有发现什么问题，看中医说是过度疲劳，于是开始尝试做调理，经络调理和艾灸是有一定效果，但每周要去两次对于一个外科医生而言根本没法保证，而且理疗师也建议我要自己主动参与其中。

2011 年 7 月，我和家人参加了一次养生学习班，第一堂课是六字诀功法，我女儿在练习时出现晕厥，在背她回房间上楼时，迎面一位满头银发、精神矍铄、步履轻盈的人从楼梯走下来，简单问明情况，然后说："我是严蔚冰，午饭后到我 221 房间，我给孩子做一下艾灸。"这是我和严老师第一次见面，对于一个素不相识的人，却能够即时施以援手，当时感觉这个老师是菩萨心肠的人，也对他主讲的易筋经导引课产生了兴趣。

2. 学习易筋经，改变身心灵

这次易筋经导引法学习班只有一天半的时间，严老师的教学通俗易懂。我和我爱人学习的都非常投入，我曾在课上问严老师动作如何配合呼吸，是用胸式呼吸还是腹式呼吸，严老师说：你不要管呼吸，把动作做完，不要憋气就可以。当时只是按照老师的要求来做，直到练习一年后，在严老师的指导下完成呼吸吐纳对形体导引的统摄时，才感悟到循序渐进的重要性。

我一直喜欢运动，大学时学习的 24 式太极拳算是我练习时间最长的功法了，工作后也只是断断续续地坚持锻炼了三年多，由于工作繁忙或者室外天气不好经常间断，后来就完全停止了。易筋经导引法是我坚持时间最长的功法，目前已经快六年了。除了易筋经导引法的动作简洁、舒缓、容易完成以外，能够一直坚持下来还有两个原因：首先，是炼功的场地不受限制，很多运动如跑步、游泳、打球都有活动场地的要求，很难做到每天进行，而易筋经导引法在 3—4 平方米的室内就可完成，自然不会受到外面天气的影响，是非常适合当代人的厅堂养生之法；其次，炼功的时间和强度可以调整，易筋经十二势的每一势做多少次可以根据自己的时间和体力来决定。我通常是晨起后炼习，每一势炼七遍，大概半小时，偶尔来不及就炼 3 遍；或者根据自己当天的身体情况，选择其中几势炼习，这样灵活掌握就比较容易坚持。

学习易筋经导引法的第一年，每次炼习时出汗多，痰多；两年后，炼习时已经不出汗了，活动和饭后出汗明显减少，抬头做动作也不再觉得费力，炼习 3 年后，疲劳后的恢复期缩短了。今年是第六个年头了，炼习后除了身体微微发热，没有什么特别的反应，也不觉得疲劳。我觉得只要自己每天坚持炼习，即使到 70 岁、80 岁乃至 90 岁时还可以完成整套易筋经十二势。

经常有人问，你是传承弟子，师父会教一些秘不外宣的秘诀吧？这方面确实没有，严老师教给我们的易筋经导引法和其他学员学习到的并无二致。常言道："师父领进门，修行看个人"。同样的学习，几年后的功夫深浅往往更多取决于你投入精力和时间的多与少。功夫＝实践＋时间。要说与其他人有不同，那就是我们作为传承弟子，更多了一份传承非物质文化遗产的责任。而我将这份责任，融入每天的生活和工作当中。

3. 传承与推广，关爱帕金森

现在想来，我与严老师、易筋经导引法结缘，受益最大的应该是我的帕金森患者们。从 2001 年开始从事帕金森病外科手术治疗以及脑起搏器术后患者的随访和综合治疗，到 2011 年通过与近千名帕金森病患者和家属的长期接触，我亲身经历了帕金森病患者术后康复的喜悦，也体验到术后十年左右，随着疾病进展到晚期出现反复跌倒、无法进食、卧床不起，直到生命走到尽头时的痛苦。帕金森病目前没有治愈的方法，即使药物和手术治疗可以改善、延缓症状，但无法完全阻止疾病进展。对于这些帕金森病中晚期的跌倒、吞咽问题和认知能力下降等症状，西医的药物和手术治疗都无法有效改善，这使我常感到束手无策。

非常幸运的是，一次讲课时我听严老师提到，2000 年左右，一位易筋经学员的姐姐患有帕金森病，前后在严老师家里住了近五年，严老师将她像自己的姐姐一样对待，通过对她病情和生活起居的细致观察，严老师总结了一套帕金森病患者主动运动、被动运动和助动运动的"帕金森病整体运动锻炼法"，适合不同时期帕金森患者和护理人员学习应用。当我和严老师提及帕金森病患者术后遇到的种种难题，并请教能否采用中医导引的方法治疗，严老师毫不犹豫地答应了此事。非常巧合的是，严老师所在的上海传承导引医学研究所当时就在瑞金医院附近的思南路科学会堂。就这样，当我每周二上午门诊，看到有吞咽和平衡问题的帕金森病患者，下午就会带到严老师的办公室，进行会诊和导引康复指导。那些原本嘴巴张不开，发音吞咽困难的患者，通过导引康复锻炼，不但张开了嘴巴，说话和吞咽的功能也得到改善，其中能长期坚持康复者，直到现在仍保持着良好的功能。

我们把总结的经验，在严老师原有《帕金森病整体运动锻炼法》的基础上，2013 年重新编写了一本《帕金森病导引康复法（图解）》，由人民军医出版社和中国科学技术出版社出版，并在各种帕金森病患者教育会上推广、应用。这本书很受欢迎，前两次印刷的 6 000 本很快就卖光了，以至于市面上出现了盗版（也不知该高兴还是生气），应广大患者的需求，出版社又进行了第三次印刷。为了方便大家学习，2016年，在上海中医药大学的支持下，我们录制更为专业详尽的《帕金森病导引康复法》MOOC版。

我最近5年在门诊随访患者时，除了对帕金森患者进行药物和脑起搏器刺激参数调整外，更多是对帕金森病中期，已经或即将出现平衡和吞咽问题的患者，指导他们按照《帕金森病导引康复法》进行康复训练。由于门诊时间短，我重点教他们进行抬头、开口、发"啊——"音练习，再结合手指的支撑动作，事实上这就是自己每天练习的易筋经导引法"卧虎扑食势"，对应疏导足厥阴肝经；这组动作不但可以改善帕金森病的吞咽、发音症状，还可以改善焦虑、抑郁的情绪。帕金森病的病因，从中医学的角度看是"诸风掉眩，皆属于肝"，"肝藏血，主筋"，而帕金森患者的主要症状是"血不养筋"所致。因此"卧虎扑食势"简直就是为帕金森患者量身定制的。另外，导引康复也像药物一样，有其时效性，患者往往是早上练习卧虎扑食势，早饭吃的就顺利，上午说话也好；中午不练，吃午饭时马上就不好了。所以，我们给患者的导引处方，也要像服药一样，根据患者的病情，告诉他们每天导引几次，每次炼几组，细节要交代清楚。

所以说，我们传承的易筋经导引法里有大智慧，中医治未病三步：未病先防，既病防变，愈后防复。易筋经十二势对应人体十二经络，健康人如果每天导引一遍，相当于将体内经络疏理一遍，达到"未病先防"的目的；对于各种疾病患者，可以针对性疏导相应经络，达到"既病防变"的目的；对于已经改善的疾病，坚持导引，才能"愈后防复"。由此可见，易筋经导引的应用贯穿于养生、治未病、治已病、康复和保命的各个阶段，是绿色安全的善法。

我们在推广帕金森病导引康复法时，遇到最大的问题是患者不够配合，很多患者每次在医院里练习得很好，也看到了效果，但是回到家里就不能够坚持。究其原因还是观念问题。事实上，像帕金森病这样无法治愈的慢性疾病，如果患者自己不积极主动地参与导引康复，只依赖于医生的药物或手术治疗，不可能有长期的、好的治疗效果。处于亚健康的人也有这个问题，经常想通过吃膏方、补药快速改变健康状况，而忽视了人体的自我调节修复功能。"灵丹妙药藏自身"，其实，我们自己的身体就是最好的药物，"求人不如求己",西药和补药毕竟是外物,可以应急,快速改善症状,但未必一直有效,只有配合导引康复方法,积极主动地自我调理才能达到事半功倍的效果。

大道至精至简,贵在践行坚持。从最初的接触、实修到后来的传承、推广。我觉得"古本易筋经十二势导引法"是一套非常适合现代人学习、应用的"方便之法",希望更多的人能有机会学习和实践。我也将在自身专业领域,和严师一起不断探索努力,让中医导引学的精华能够走出国门,惠及天下。

传习者介绍:

李殿友,医学博士,上海交大医学院附属瑞金医院功能神经外科副主任医师,中华医学会神经电生理监测学会委员。师承严蔚冰,国家级非物质文化遗产"中医诊疗法(古本易筋经十二势导引法)"传承人。2000 年开始从事功能神经外科的临床工作并完成了博士课题——脑深部电刺激(DBS)治疗帕金森病及其作用机制的研究,并将易筋经导引法应用于帕金森病临床康复。

四　琴心剑胆，内外兼修

1. 二十年武术梦, 一身伤病

我出生在山东省枣庄市，母亲是黑龙江人。母亲自幼患先天性心脏病，冒着生命危险生下仅仅 5 斤重的女婴。从小我也体弱多病，四岁半时被爸爸送去学武术，想让我强身健体，至此开始了我的武术之路。也许我比较有天赋，在我坚持训练的第三个年头就获得了人生的第一块金牌，山东省武术锦标赛儿童组长拳的冠军，成为山东省最小的冠军，写入山东省"齐鲁奇少儿"记录。小时候的生活异常艰辛，母女相依为命，我努力训练只为减轻母亲的负担，争取早日被选中，进入体工队。1997 年我被选送前往河南训练，在河南省武术锦标赛上获得五个项目的冠军，12 岁获得全国"一级武士"称号、成为国家一级运动员。13 岁作为"优秀体育人才"引进来到上海，开始了专业运动员生涯。在 1999 和 2000 年只有十四岁的我蝉联了两届全国青少年武术锦标赛剑术、枪术、长拳及对练冠军和全能冠军。同年，代表上海出访日本进行友好交流；代表中国武术队出访法国、埃及、加拿大等地，并参加亚运会集训。

随着运动成绩的提高不可避免的是伤病，由于难度的增加使我左、右腿的内外侧副韧带先后撕裂，关节腔积液肿胀，膝关节肿得像馒头一样，有时连走路都不能走。面对伤病困扰导致的成绩下降，我着急过、失落过、彷徨过，还偷偷哭泣过，面对腿伤完成不了的高难度动作，不知多少血泪抛洒训练场，走在低谷的我也曾想过放弃，却还是割舍不下心中的冠军梦。缠上绷带，带上护膝，再不行就打封闭。腿上、脚上、腰上、手上，都不记得打了多少封闭针，为了拿到冠军我仍然坚持着！由于一直高强度训练，我的身体一直处在"亏空"状态，有段时间经常下午发低烧。可是为了比赛一切都要让步，哪怕不得已做了扁桃体切除手术，不能吃喝一个星期，三天时间瘦了7斤，即使这样都没有耽误一天训练。比赛在即，"夏练三伏"的集训，我又出现运动性血尿，带状疱疹也找上门，那时我脑中想的都是"流血流汗不流泪"、"体育人成绩再创新高"这种洗脑般的口号。最终，我在全国武术冠军赛上获得长穗剑冠军，成为国家最高级别运动员"国家运动健将级运动员"，并获得"全国优秀运动员"称号。其后，我在大学生运动会上获得上海首金，紧接着又迎来了全运会，并投入高强度的训练，由于身体一直过度消耗，在一次训练中，做一个空中旋转两圈落地接劈叉的高难度动作时，膝关节的剧烈疼痛，让我知道这次是真的受伤了。队医看后告诉我半月板损伤，内外侧韧带撕裂，要做韧带重建和半月板手术，这个手术我没有做，心有不甘地退役进入上海中医药大学就读。为什么选择中医药大学？很多队友不解，因为我们退役后可以选择有名气的大学进行挂靠，但是20年的武术路让我只知道训练，最终伤病是自己的，像一架机器，只有产出，没有维护，我想通过自己的学习来改善自己的伤病！

2. 十二年中医路，走向健康

回首八年医学路，专业知识的深奥，对于文化知识贫乏的运动员来说简直是煎熬，外语从零开始，医用化学、生物化学、计算机对于我来说好像外星文，大学第一年非常受打击，自己怎么可以这么笨，同学们都不用复习，我却要跟着不同班级去听课多遍，有时还是不太懂。我没有放弃，自修室成为我的临时寝室，白天读书，下午下课去训练，训练完又要一路小跑赶去上课，往往都没有吃饭的时间，自修到三更半夜那更是家常便饭。学校的条件不如专业队，营养也跟不上，晚上自修到很晚也休息不好，白天还要上课，往往下课去训练时头脑都是晕乎乎的，节假日更是少上加少。五年本科虽然辛苦异常，但努力也使我的成绩达到了直研的要求，大学五年我拿了三年奖学金、一年国家励志奖学金、优秀学生、世博优秀个人、国内外比赛30多枚金牌！2010年在岳阳医院开始研究生的三年生活，每天忙碌地跟主任门诊，会诊，查房，写病史，打针灸，做推拿，值夜班，做课题，写文章，周末的时候我还要去兼职，每每出夜修都是头晕眼花，终于有一次出夜修后在家中晕倒，这时我开始逐渐意识到自己的身体也许还不如普通人。虽然我经过系统的中医学习，得到了专业上的知识，但是没有一件有益身体的事情是用在自己身上！正当迷茫之际，2011 年我遇到了改变我一生的老师，我的师父严蔚冰先生。初见严师第一感觉是神采奕奕，声音洪亮，底气十足，听了严师讲课后，我清晰地认识到自己的问题，之前的很多训练和工作，并不是锻炼身体，更不是强身健体，而是一直在消耗、挥霍。自此开始认真跟随严师学习导引。严师告诉我，导引时不要太在意自己的形体，更不要着相于表演，遵循内心，感受肢体的变化，注意呼吸的吐纳，将精气神内摄，存在体内，需要用的时候再拿出来，才有"本钱"。在严师的指导下我渐渐摸到了门道，头痛，头晕，四肢无力，胸闷，疲劳的症状改善很多，身体的改善，使我又陷入深思，脑海中一直出现严师讲的易筋经导引法之"易"是改变。是的，我要改变，我不仅要改变自己的身体，更要改变自己的思想，不再做一个只会高难度套路，身体却不健康的武者。导引着重的是自我体悟、实证，悟的不仅仅是形体的动作，更主要的是心、神。形、神、意三者协调统一方为内养，才能由外转内，炼养结合！经过严师近两年的考察，我于 2012 年 12 月份正式拜入师门，从此在自我健康之外，也担负起了中医导引非遗传承的职责。

3. 四载导引康复，传承弘扬

2013 年研究生毕业后，我因导引功法的优势留在上海中医药大学康复医学院工作，从事传统康复的教学，科研方向为传统导引功法的基理及临床基础研究。2014 年在严师的见证下，成家立业，次年我幸福地成了准妈妈。怀孕的时候带着肚子里的宝宝一起工作、一起练功，一直到生产前，那是我感觉身体最棒的一段时间，每天都精神饱满，每个人见到都说我身体灵巧轻盈不像宝妈。可是老天总在一次次地考验我。临产时，推进手术室，肚子打开，主任说前置胎盘为什么在你的诊疗记录上没有？在哪里建卡，哪里就诊的？我答：从头到尾都在你们医院产检的。当时的情况，容不得思考，医生说一会儿大人可能会有危险让我做好思想准备，我说先保孩子吧。一次次的努力后，宝宝在 16 点 21 分顺利出生，胎盘剥离的时候出现大出血，出血量达到一千多 cc，医生安排输血，准备切掉子宫，肚皮从两点多打开一直到晚上七点多合上。当我觉得冷，觉得想睡的时候，我一直告诉自己，我有导引的功力，我有武者的毅力，我还有孩子，绝不能闭眼！就在渐渐支撑不住时，子宫的出血量有减少迹象，虽做了背带式缝合以及不能再要二胎，但医生全力保住了我的子宫。出院时我中重度贫血、三低，高压只有 80 多、低压 50，"难产"让我多了一个星期的假，但这一切都是值得的，我幸运地完成了身份的转变，成为了幸福的妈妈。这也算是对我过往种种过度消耗身体的一次彻底惩罚。我就此挥别过往种种，开始了漫漫产后康复之路，但我并不担心，因为我传承着中医诊疗法（易筋经十二势导引法），还在月子期间我就在床上练习导引，呼吸吐纳，三个月后下床，每天坚持导引康复，固本培元、循序渐进，半年时间我已恢复很好，开始正常工作，并着手进行上海市教委课题《易筋经对中风后患者生活质量的临床研究》。孕后五个月通过世界物理治疗师联盟 World Confederation for Physical Therapy (WCPT) 资格认证。随后着手准备考博复习，又医院、学校两头跑，忙得不亦乐乎。

2016 年，上海中医药大学康复医学院率先开设创新课程"中医导引学"，课程一经发布，反响热烈，一百多学生参加学习。"中医导引学"的教学以历史发展源流、导引法实修实践和临床病案为中心。教学团队以严师为首，由中医文献学者、中医导引国家级非物质文化遗产传承人及有着丰富导引临床康复经验的中西医主任医师、博士生导师组成。课程特别要求学生们学习实践易筋经十二势导引法，并由严石卿师兄和我一起承担传习教学工作。课程末期，当面对学生们一篇篇学习感悟的文章，一次次热情洋溢的发言，一张张朝气蓬勃的笑脸，我由衷感到他们是幸运的，在大一、大二就能接触到易筋经导引法，这必将影响到他们一生。

当我难产卧床时，医院里的一个医生朋友也是产后出血，出血量还没有我多，却在床上躺了一年多。我想我能恢复得这么快，离不开最近几年的导引吐纳的自我积累，减少能量消耗，有意识地把能量攒起来，才能顺利地度过了这一难关。感恩严师，让我有机会学习这一受益终身的良方。

现在的每一天我都非常珍惜，感恩，生命的力量、导引的力量、传承的力量，我全身满满的力量，期待未来上海中医药大学更多的师生可以参与进来，把这有用、实用、管用的国宝宣扬到世界各地！

传习者介绍：

孙萍萍，医学博士，上海中医药大学康复医学院传统康复教研室助理研究员，国家运动健将级运动员、武术六段，师承严蔚冰，国家级非物质文化遗产"中医诊疗法（古本易筋经十二势导引法）"传承人。

五 国家级传统医药非物质文化遗产

　　古本易筋经十二势导引法是中医导引学经典。以《易》为哲学基础,《素问》、《灵枢》为理论指导,通过伸筋拔骨、吐故纳新、守中和合,达到强筋壮骨,固摄精气,濡养脏腑,涵养心性的效果。

　　2014 年 11 月 11 日,中华人民共和国国务院公布了第四批国家级非物质文化遗产代表性项目名录,由上海传承导引医学研究所申报的"古本易筋经十二势导引法"列入传统医药中医诊疗法(IX - 2),成为我国首个中医导引学的非物质文化遗产代表性项目。

　　"古本易筋经十二势导引法"每一势导引都针对性地疏导人体一条经筋,不受练习场地和时间限制,及时消除身心疲劳,非常适合现代人学习使用。作为中医诊疗类非物质文化遗产,还被临床应用于"帕金森病"、"慢性疲劳综合症"、"骨关节疾病"、"脊柱相关疾病"等病症的预防、治疗与康复,取得了积极的效果。

六 中华中医药学会团体标准

《古本易筋经十二势导引法技术规范》简介

2016 年初，国家质检总局和国家标准委印发了《关于培育和发展团体标准的指导意见》的通知，《通知》强调团体标准以市场为主导的原则，充分发挥市场竞争机制的优胜劣汰作用，团体标准由市场自主制定、自由选择、自愿采用。

上海传承导引医学研究所、上海中医药大学、湖南中医药大学向中华中医药学会联合申报制定《古本易筋经十二势导引法技术规范》团体标准，并成立了以严蔚冰为负责人、洪净为指导的制标组，经过 3 个月的调研和整理，2016 年 9 月在北京参加了专题立项论证会，严蔚冰代表制标组向与会 12 名专家、3 名观察员报告了《古本易筋经十二势导引法技术规范》的前期准备工作及市场需求情况的说明，经专家充分研究、论证并征求观察员意见，获全票通过，中华中医药学会标准化办公室郭宇博主任宣布同意《古本易筋经十二势导引法技术规范》（以下简称：《技术规范》）的团体标准立项。

《技术规范》填补了中医导引类团体标准和国家级传统医药非物质文化遗产项目缺乏团体标准两项空白。对于严蔚冰领导的制标组而言，治标工作是在没有成熟经验可以借鉴的情况下，继承、发展、创新的过程，根据《中华中医药学会团体标准编制说明格式规范》要求，制标组成员广泛征求专家意见，着手编制，同时对制标的重要性以及后期的宣传贯彻也进行准备。

国家卫计委副主任、中医药管理局局长王国强在 2016 年全国中医药工作会议上指出："继承是坚持中医药规律和精髓的前提，也是中医药创新的不竭源泉，中医药创新须在继承基础上创新，而中医药继承也必须在不断推陈出新中发展。这是中医药事业生生不息、发扬光大的必然选择。"

《技术规范》以中医文化、理论和方法为指导，并结合现代社会实际情况进行发展和创新。作为国家级传统医药非物质文化遗产代表性项目，《技术规范》中保留了古代的导引图谱和导引诀要，并将非遗代表性传承人的传承与心得进行规范整理和清晰阐述，同时《技术规范》以"三因制宜"为原则提出了个性化指导，今后还将结合专病，整理出一系列子项技术规范，是其更具针对性和可操作性。

时值"健康中国"和"一带一路"战略构建实施之际，我国中医药事业迎来新机遇，步入新发展时期。遵循 WTO/TBT 协定中关于制定、采用和实施标准，制定中医药标准规范有助于中医药走出国门，生根开花，蓬勃发展。

2017 年初，在北京召开的中华中医药学会团体标准试点工作汇报会上，严蔚冰教授代表制标组表示，《技术规范》与学院教学相结合、与临床应用相结合、与非遗传习相结合、与"一带一路"战略相结合，将《技术规范》(中、英)编入《中医导引学》教材中，写进中医科普读物《古本易筋经十二势导引法》(中、英文版)，落实到临床应用中，还将作为国家级传统医药非遗项目传习教学的主要内容进行宣贯、考核，这一工作思路受到与会领导和专家们的一致认可。

依照《中华中医药学会团体标准制修订工作细则》《中华中医药学会团体标准文件管理办法》《中华中医药学会团体标准知识产权管理办法》和《中华中医药学会团体标准推广管理办法》等文件精神，《技术规范》的宣贯落实工作，对非遗"中医诊疗法—古本易筋经十二势导引法"项目的生产性保护提供了保障机制，驱动了传统医药非遗项目的创新和发展，促进传统医药非遗项目产业化，提升了中医文化产业和文化产品核心竞争力，对中医药事业有引领作用，对"健康中国"和"一带一路"有推动作用。

七　导引学进课堂彰显　中医特色优势

上海中医药大学康复医学院副院长　胡　军

上海传承导引医学研究所所长　严蔚冰

"中医导引学"这门有着数千年历史传承的学科，本月底将作为创新性课程在上海中医药大学康复医学院正式开讲。中医治疗强调"以人为本"，中医导引学能充分调动人的主观能动性，发挥中医在疾病康复中的优势，进一步丰富和发展中医非药物疗法内容，有助于"健康中国"国家战略的推动和落实。

"中医导引学"的学科开设和大专层次学历教育"中医导引按跷与健康管理"专业的火爆，标志着中医导引这门古老而又新兴的专业正式回归院校体系。

千百年来，导引法都是中医养生祛疾的重要手段，也多与其他治疗方法配合，起到里应外合，事半功倍的效果。

中医导引学有着完整的理论和方法体系，秉承经络学说、气血理论，其应用涵盖预防、治未病、治疗和康复的整个过程。

中医导引学既有早期形成，单一针对性的马王堆导引图势、《引书》导引方、《诸病源候论》导引方，也有较晚期形成更具系统性的五禽戏导引法、二十四气导引法、易筋经十二势导引法等，是传统医药文化宝库中的瑰宝。

传统康复是康复专业中的基础内容，当今时代，慢性非传染性疾病日益高发，给社会和家庭带来了沉重的负担。人们对康复治疗的期望越来越高。中医导引法是传统康复的重要组成部分，是以中医整体观、脏腑经络、气血理论、阴阳五行学说及现代医学的有关理论为指导，综合了形体、呼吸、心理等多种干预手段，为历代医家所重视和传承，在临床医学中发挥了重要作用。导引的目的是为了"行气"，素有"导气令和、引体令柔"之说。

"中医导引学"在教学设计上主要体现三个中心：以历史发展源流为中心，以导引法实修实践为中心，以临床病案为中心。教学团队由中医文献学者、中医导引国家级非物质文化遗产代表性传人及有着丰富导引临床康复经验的中西医主任医师、博士生导师组成。

本课程对学生自身的导引实践和康复技能训练均提出要求，只有自身掌握好导引方法，才能为各专业课程打下坚实的基础。通过学习学生将具备临床康复、家庭康复、社区康复岗位必备的知识、能力和素质，能在各级医疗卫生服务机构从事临床康复、社区康复、家庭康复和健康保健工作。学生职业素质的形成，将有助于职业生涯的规划和发展。

（摘自 2016 年 12 月 5 日《中国中医药报》）

后 记

　　简体版《达摩易筋经》即将付梓。除了保留古本原貌外，增加了视频演示和十二势分解挂图，很惭愧将拙作《传承与心得》续于其后，权当起个抛砖引玉的作用，欢迎各界同仁教正。

　　此时此刻感恩传承发扬国术文化的诸多先辈、师友。

　　感谢中国养生学学者卓大宏教授、林中鹏教授、张天戈教授在百忙之中为本书作序。

　　感谢上海古籍出版社的编辑李明权先生、童力军先生、刘海滨先生等提出了宝贵的意见，装帧设计严克勤先生非常用心并付出了辛勤劳动。

　　吾儿石卿几乎承担了所有的拍摄和整理工作，在此表示谢意。

　　我发愿：毫无保留地将传承公开，希望更多的人健康长寿。这一定是上海国术界前辈们最愿意看到的事。

严蔚冰合十

己丑春三月于上海嘉定别墅

　　补记：在《达摩易筋经》即将出版之际，上海市政府公布了第二批上海市非物质文化遗产名录，"达摩易筋经"榜上有名，足以告慰国术界先辈的在天之灵。

修订本后记

　　一直以来，易筋经的起源与归属，众说纷纭，在社会教学中常会有宗教信仰者迟疑，学习此方法是否违背教义。事实上，佛教《大藏经》中没有收入《达摩易筋经》。《道藏》里也没有收录《易筋经》，由此可见易筋经本身并不具备宗教属性，是修行人接引信众的方便法门。2015 年，国家中医药管理局组织专家修编的《中医药古籍保护与利用能力建设项目》中收录了《易筋经》。而从易筋经十二势与十二经筋的关系，以及《膜论》、《内壮论》等理论分析，《易筋经》与健康、与医学的关系更为密切。明代紫凝道人在《易筋经》跋中言道，此法凡人皆应习之，也是阐明了此法对身心健康的重要性。

　　2014 年国务院公布了第四批国家级非物质文化遗产项目，上海市申报的"古本易筋经十二势导引法"榜上有名，归属于传统医学"中医诊疗法"。自 2009 年易筋经入选上海市非物质文化遗产名录的十年间，我们开展"非遗"进社区、进校园、进企业、进乡村等传习教学活动，也是希望让现代人更多地从中医传承与自主健康的角度，了解、学习这一非物质文化遗产，为健康中国做些实事。

　　如今传统医药非物质文化遗产的传承遇上了千载难逢的大好时机。近年来，国家相继颁布了《中华人民共和国非物质文化遗产法》和《中华人民共和国中医药法》；经过十年的努力，易筋经十二势导引法已经在社区、学校、写字楼生根、开花、结果。更令人欣喜的是，自 2017 年起，在政府各部门和"励志阳光"、"善小"等兄弟基金会的支持和帮助下，易筋经十二势导引法开始面向乡村医生和希望小学师生开展教学传习，2017—2018 学年，各地希望小学传习受益师生超过 5000 人。我们又分三批为来自宁夏的乡村医生、云南基层卫生院院长和村医，以及中远集团远洋船政委（兼船医）进行了非遗传习培训。这些学员学习相关中医理论和非遗方法后将使更多国人受益。

自 2009 年《达摩易筋经》出版以来，已历十次印刷，上海古籍出版社的专家为传统医学非物质文化遗产的保护和传承做了一件实事，吾儿石卿（上海市级传承人）多年来坚持在教学传习第一线，此次又为《达摩易筋经》的修订做了具体的工作，在此一并表示感谢！

衷心希望本书的再版，能为"健康上海"、"健康中国"多出一份力。

严蔚冰

戊戌端午书于上海